MW01635857

les yeux du cinéma

Images d'acteurs à collectionner

Costume de Patrick Bergin dans le *Robin des Bois* de John Irvin (1990)

Caméra Technicolor trichrome

Colleuse à bandes adhésives, ou «scotcheuse» 35 mm

Un gremlin

Chaussures de Charlie Chaplin dans *l'Emigrant* (1917)

les yeux du cinéma

Couteau du film *Psychose* (1960)

par

Richard Platt

Photographies originales de Dave King

Caméra Vinten

GALLIMARD

Diapositive mécanique

Chapeau et bijoux portés par l'actrice Faye Dunaway dans *les Trois Mousquetaires* de Richard Lester (1973)

Comité éditorial

Londres :

Louise Barratt, Gillian Denton, Julia Harris, Kathy Lockley, Helen Parker et Christian Sévigny

Paris :

Christine Baker, Manne Héron et Jacques Marziou

Edition française préparée par Nathalie Allégatière

Conseiller : Michel Zambelli, Laboratoire Telcipro, Levallois-Perret

Publié sous la direction de

Peter Kindersley, Jean-Olivier Héron et Pierre Marchand

Logo de Pathé Frères

Statuette de Charlie Chaplin

ISBN 2-07-056683-8

La conception de cette collection est le fruit d'une collaboration entre les Editions Gallimard et Dorling Kindersley.

Dépôt légal : février 1992. N° d'édition : 54212

Imprimé à Singapour

Pellicule

SOMMAIRE

Bobine de film

L'IMAGE NAÎT DE L'OMBRE

La lueur vacillante d'une simple chandelle suffit à animer l'obscurité : les ombres des objets quotidiens dansent alors comme des papillons de nuit. En maintenant sa main devant la flamme dans une certaine position, l'on peut projeter sur le mur l'ombre d'un loup ou d'un oiseau. Aussi anciens que le feu, ces spectacles furent améliorés par les Chinois, il y a un millénaire. Ils ouvrirent la voie à de nouveaux jeux d'ombres et de lumière, lorsqu'ils constatèrent qu'en pratiquant un orifice dans un mur, ils pouvaient projeter à l'intérieur l'image renversée de l'extérieur. Au XVIIIe siècle, les simples ombres devinrent des images élaborées peintes sur du verre et projetées sur un écran grâce à une lanterne magique. Cependant, la véritable animation n'existait pas encore.

CAMERA OSCURA
Une lentille fixée dans l'orifice pratiqué dans la paroi d'une enceinte fermée projette une image claire. Cependant, pour obtenir une image visible, il faut que l'intérieur de l'enceinte soit obscur. Les premières chambres noires du XVIe siècle produisaient des images renversées. Le modèle ci-dessus fait appel à un miroir pour rétablir le sens de l'image.

THÉÂTRE D'OMBRES
Une simple forme, même grossière, peut projeter une ombre impressionnante. Les théâtres d'ombres de Java et des autres pays orientaux utilisent des marionnettes très élaborées. Accompagnées d'un narrateur et d'un orchestre, les poupées javanaises retracent des histoires traditionnelles. Ce type de marionnettes fut introduit en Europe au XVIIe siècle.

Les marionnettes de cuir javanaises, fines et allongées, sont peintes de couleurs symboliques.

Les membres articulés leur permettent de bouger et de danser.

L'opérateur anime et contrôle la marionnette grâce à de fines baguettes de bambou fixées aux membres et au corps.

La cheminée cannelée évacue la chaleur produite par la source lumineuse, tout en empêchant l'apparition de lumière parasite sur l'écran.

La lentille projetant une image renversée, il faut insérer les plaques à l'envers pour rétablir le sens des images sur l'écran.

Des images étaient peintes sur du verre. Il fallait les faire coulisser.

LA LANTERNE MAGIQUE
Cet ancêtre des projecteurs de cinéma actuels ne comportait qu'une seule lentille et utilisait une chandelle comme source lumineuse. La lanterne magique fut essentiellement un moyen de distraction, mais elle était à l'origine destinée à des fins plus sérieuses : un scientifique néerlandais, Christiaan Huygens (1629-1695), l'utilisait pour projeter des images médicales. Au XIXe siècle, un éclairage au gaz permit d'éclaircir l'image et, grâce à des lentilles supplémentaires, le projectionniste pouvait faire apparaître et disparaître les images en fondu.

Faites défiler les pages de ce livre (p. 9).

LANTERNES TRIPLES
Ces lanternes du XIXe siècle, constituées de trois projecteurs superposés, permettaient de produire des effets spectaculaires.

Une flamme d'acétylène produisait une lumière blanche et brillante dite oxhydrique.

FANTASMAGORIES
Dans les années 1790, le Belge Etienne Robertson impressionna son public avec son spectacle de fantasmagories. Sa lanterne projetait des images de démons qui semblaient s'avancer vers les spectateurs.

Les premières lanternes utilisaient des mélanges gazeux dangereux.

Le projectionniste pouvait faire apparaître ou disparaître l'image grâce aux obturateurs disposés devant les lentilles.

FIN DE SOIRÉE
Tout comme nos actuelles diapositives de vacances, les projections de lanterne magique terminaient agréablement une soirée réussie. Un drap tendu sur le mur faisait office d'écran.

Chaque lentille projette une image; passer peu à peu d'une scène nocturne à la même scène vue de jour donne l'illusion du lever du jour.

AU VILLAGE
Les visionneuses ambulantes connurent un vif succès au XIXe siècle et au début du XXe siècle, plus spécialement parmi les populations rurales, qui manquaient de distractions.

Les fenêtres de verre bleu permettent de surveiller la flamme.

L'ANIMATION ENTRE DANS LA RONDE

Durant la projection d'un film, le mouvement continu qui apparaît sur l'écran n'est en réalité qu'une illusion. Il résulte d'un ensemble de techniques mises en œuvre pour obtenir la restitution du mouvement, décomposé lors de la prise de vues en milliers d'images fixes. Nos yeux perçoivent cette succession d'images comme une recomposition du fait de la persistance des impressions rétiniennes, phénomène qui demeura longtemps incompris. Ce n'est que vers 1765 que l'on suggéra que le cercle lumineux dessiné dans l'obscurité par un tison tournoyant à l'extrémité d'une corde s'expliquait par la persistance de son image pendant un dixième de seconde environ. Cette découverte permit, quelque 60 ans plus tard, de fabriquer divers jouets optiques et autres divertissements.

ET TANGUE LE NAVIRE !
L'image à levier se composait de deux plaques de verre, dont l'une allait et venait sur l'autre. En actionnant le levier de ce modèle de 1750, le navire se met à tanguer.

Le phénakistiscope fut rapidement supplanté par d'autres jouets et ses ventes s'effondrèrent.

Le fantascope, autre nom du phénakistiscope, proposait des sujets fantasmagoriques.

JOSEPH PLATEAU
Les travaux et expériences de ce physicien belge (1801-1883) aboutirent à l'invention du phénakistiscope en 1832.

Les balles du jongleur se mettent à danser entre ses mains lorsque l'on fait tourner ce disque.

LE PHÉNAKISTISCOPE
Malgré son nom compliqué, le phénakistiscope était un dispositif très simple. Il se composait d'un disque percé de fentes sur lequel étaient peintes des figures. En faisant tourner le disque devant un miroir tout en regardant à travers les fentes, l'observateur voyait les images se refléter en une séquence rapide qui lui donnait l'illusion du mouvement.

MICHAEL FARADAY
Même si l'on associe le plus souvent son nom à l'invention du moteur électrique, le physicien anglais Michael Faraday (1791-1867) a également observé que les rayons d'une roue tournant sur elle-même semblent immobiles quand on les regarde à travers des fentes longitudinales.

LE THAUMATROPE
Créé en 1826, le thaumatrope est le premier jouet appliquant le principe de la persistance rétinienne. Chacune des faces du disque comporte une image différente. Lorsque l'on fait tourner ce disque avec les fils tendus, les deux images se superposent.

Boîte de disques

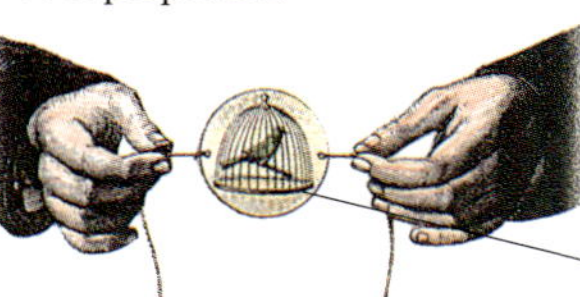

L'oiseau rentre dans la cage.

ÉMILE REYNAUD
L'inventeur français Emile Reynaud (1844-1918) créa le praxinoscope avant de mettre au point un projecteur produisant des images animées (p. 51).

LIVRE À FEUILLETER
Pour mieux comprendre comment les images prennent vie grâce au phénomène de la persistance rétinienne, feuilletez rapidement les pages de ce livre. Pour cela, saisissez-les sous le pouce gauche. Ramenez ensuite lentement votre pouce vers vous pour faire défiler les pages : vous verrez alors l'image en haut à droite s'animer. Ce principe inspira plusieurs inventions, comme le mutoscope (pp. 10-11).

La vision par l'ouverture prévue à cet effet semble animer les dessins devant le décor.

La lumière est reflétée sur les images par un simple abat-jour.

LE THÉÂTRE-PRAXINOSCOPE
De la même manière que les projecteurs de cinéma, tous les jouets qui mettent en jeu des images en mouvement appliquent le principe de la vision intermittente : le spectateur ne voit chaque image qu'un bref instant. Cependant, cette image était trouble et difficile à distinguer. Dans son théâtre-praxinoscope, Reynaud remplaça les fentes par un jeu de miroirs rectangulaires. Les images reflétées étaient ainsi plus claires et se fondaient pour donner l'impression d'un mouvement plus régulier. Cette invention connut un succès considérable.

Des décors fixes encadrent les figures animées.

Les miroirs reflètent les images qui tournent.

Le fond noir de la bande de papier disparaît lorsqu'on regarde par la fenêtre d'observation.

La lumière est orientée d'une manière telle que le morceau de verre reflète le carton du décor tout en laissant voir par transparence les silhouettes du tambour.

Pour que les images s'animent, les observateurs font tourner le tambour à la main.

Théâtre-praxinoscope

Grâce à un choix de décors différents, les silhouettes peuvent se déplacer aussi bien dans une rue que dans un parc.

Bande de papier interchangeable comportant une séquence de 12 images

QUAND LES OBTURATEURS SE DÉCLENCHENT

Un cheval de course lancé au galop sur une piste blanche casse des fils tendus sur son passage. Ces fils déclenchent les obturateurs de 12 appareils photographiques identiques, de telle sorte que le cheval se prend lui-même en photo à chaque foulée. La scène se passe en 1878. Ce fut un événement historique, car Occident, le cheval en question, était le premier sujet dont on décomposait le mouvement. L'idée en revint au photographe britannique Eadweard Muybridge, qui n'était pourtant pas le premier à utiliser un appareil photographique ou à photographier le mouvement. Le Français Nicéphore Niepce avait inventé la photographie 50 ans plus tôt, et, depuis, l'on réalisait couramment des photographies de sujets se déplaçant lentement. Mais Muybridge était parvenu à réaliser un obturateur capable de s'ouvrir et de se fermer à une vitesse suffisamment élevée pour figer le mouvement. Ainsi, la silhouette caracolante de son cheval devait aboutir dix années plus tard aux premiers films.

NE BOUGEONS PLUS!
Les premiers procédés photographiques étant peu sensibles à la lumière, le temps de pose devait se prolonger plusieurs secondes. Les sujets qui se déplaçaient pendant cet intervalle de temps semblaient flous ou disparaissaient entièrement de la photographie. Cette rue parisienne animée de 1838 semble vide, car l'obturateur est resté ouvert plus d'une minute. Un seul homme était resté immobile : il faisait cirer ses chaussures!

DANS LA BOÎTE
En 1826, Nicéphore Niepce (1765-1833) fut l'auteur de la toute première photographie, pour laquelle il dut observer un temps de pose d'une journée entière. La véritable pratique de la photographie ne devait se développer que 12 années plus tard.

L'HOMME AUX OISEAUX
Muybridge étudia les mouvements des animaux grâce à ses photographies qui inspirèrent notamment le physiologiste français Etienne Jules Marey (1830-1904). Celui-ci lui demanda de photographier un oiseau en vol. L'expérience ne fut qu'un demi-succès, car les appareils de Muybridge étaient conçus pour photographier des sujets de plus grande taille. Marey construisit alors un appareil à plaques fixes pour l'étude du vol des oiseaux, créant ainsi la chronophotographie.

Ce tambour contient des plaques photographiques supplémentaires. On peut l'enlever pour alléger l'appareil et faciliter la visée.

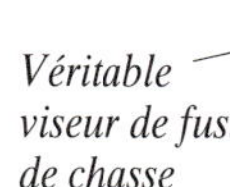

Véritable viseur de fusil de chasse

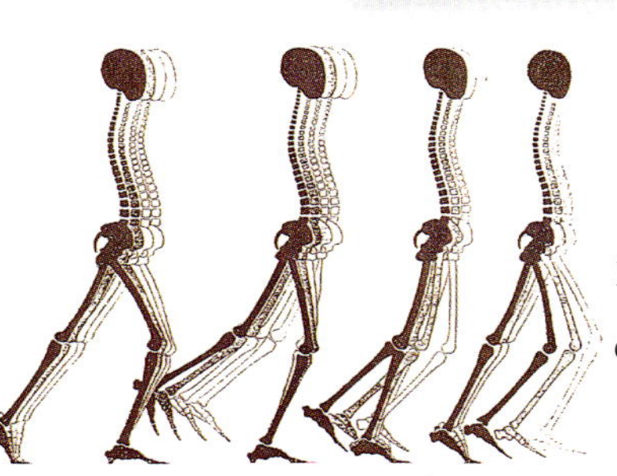

SQUELETTES EN MOUVEMENT
Marey étudia aussi les silhouettes en mouvement en les photographiant plusieurs fois sur une même plaque. Ces chronophotographies permirent l'analyse des mouvements des os dans le corps.

UN FIN TIREUR
Marey réalisa son fusil photographique, installant la lentille dans le barillet. Cette lentille projetait une image de l'oiseau en vol sur une plaque photographique circulaire ou octogonale. Un moteur à mouvement d'horlogerie faisait tourner la plaque, ouvrant et fermant un obturateur situé derrière la lentille. Ce système permettait de prendre 12 images par seconde, avec un temps de pose de 1/720e de seconde par image. Même les rapides battements d'ailes d'un oiseau en vol étaient nets et clairs sur la plaque.

Le poids de la plaque de verre limite la vitesse à 12 images par seconde.

La détente fonctionne comme un déclencheur d'obturateur.

LE MOUVEMENT DÉCOMPOSÉ
Après les chevaux, Muybridge photographia les mouvements de nombreux autres animaux et de sujets humains. Vingt mille de ces images se retrouvent dans le livre *la Locomotion animale* publié en 1887.

LES CHEVAUX VOLANTS
Avant de s'intéresser au mouvement des animaux, Eadweard Muybridge (1830-1904) photographiait des paysages dans l'extrême ouest des Etats-Unis. Il réalisa ses célèbres séquences pour vérifier, à la suite des descriptions faites en 1868 par Marey, si, à un moment donné, les pattes d'un cheval au galop quittaient simultanément le sol.

LE FILOSCOPE
Les pionniers du cinéma utilisaient des visionneuses complexes pour présenter leurs photos ou de simples livrets à feuilleter, en usage en 1868. Le filoscope, breveté en 1896, était muni d'un levier qui facilitait le défilement des pages.

UN PROBLÈME DE TAILLE
Du fait de leur petite taille, on distinguait difficilement les photographies qui figuraient sur les disques de Marey. Il aurait fallu utiliser un appareil beaucoup plus volumineux pour obtenir des photos plus grandes, ce qui aurait posé de nouveaux problèmes techniques.

La crosse de fusil en bois permet de stabiliser l'appareil.

Les mutoscopes étaient souvent superbement décorés pour attirer le chaland.

Une affichette précise le prix et la nature du spectacle proposé.

Les spectateurs regardent le spectacle au travers d'une paire de lentilles.

Fente par laquelle on introduisait une pièce de monnaie

L'image s'anime lorsque l'on tourne la manivelle.

RÉSERVÉ AUX ADULTES
Si les photos du mutoscope choquaient la morale du XIXe siècle, elles étaient cependant bien plus anodines que les images diffusées par notre télévision.

PAR LE TROU DE LA SERRURE
Avant l'invention du projecteur, il n'était pas possible de regarder les séquences d'images et les tout premiers films à plus d'une ou deux personnes à la fois. La visionneuse la plus populaire fut le mutoscope, inventé en 1894 par l'Américain Herman Casler. Il contenait une série de photos représentant les phases successives d'un mouvement. En tournant une manivelle, l'observateur faisait défiler les photos devant la lentille et l'image s'animait. Les premiers sujets représentaient des scènes érotiques bon enfant, une femme en train de se dévêtir par exemple.
Dans les années 1890, des salons de mutoscope s'ouvrirent dans toute l'Amérique.

LE FILM EST GOURMAND DE PELLICULE

Sachant qu'une minute de cinéma nécessite plus de 27 mètres de pellicule, on imagine les centaines de mètres de film déroulées lors de la projection d'un long métrage. Très vite, des laboratoires cinématographiques se sont créés pour se consacrer exclusivement à la production des pellicules, à leur traitement et à la réalisation des copies projetées dans les salles. Les cinéastes ont utilisé de nombreux formats, ou largeurs, de films, mais ils ont aujourd'hui adopté le format standard de 35 millimètres. Cette largeur est dérivée de celle des premiers films fabriqués par l'ingénieur américain George Eastman en 1889 pour son appareil de prises de vue, le « Kodak ». Un autre célèbre inventeur, l'Américain Thomas Edison, perfectionna cette invention pour l'adapter à deux appareils, l'un pour l'enregistrement des images – le kinétographe –, l'autre pour leur restitution – le kinétoscope.

UN GRAND PAS
George Eastman (1854-1932) aida le cinéma lorsqu'il commercialisa le film souple photographique en 1889. Auparavant, on utilisait des plaques de verre ou du papier photosensible.

LES PREMIERS FILMS
Les tout premiers «films» n'étaient pas tournés sur de la pellicule. Le Français Louis Le Prince (1842-1890) chargea d'un rouleau de papier photosensible une caméra qu'il fabriqua en 1888, avec laquelle il photographia ce pont de Leeds.

Des perforations régulièrement disposées permettent le déplacement du film dans la caméra; il avance de la même distance entre chaque image.

SUCCESSION D'IMAGES
Tous les films 35 mm présentent une largeur et des perforations standard. La taille, la forme et l'espacement des images dépendent de la caméra et de l'objectif utilisés pour tourner le film.

Un film 35 mm comprend 24 images par seconde de projection.

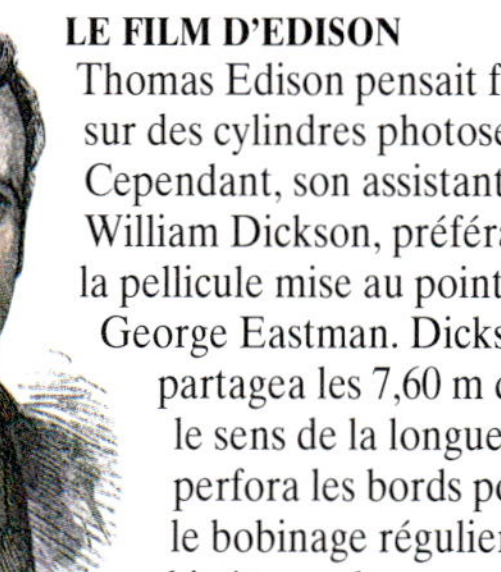

LE FILM D'EDISON
Thomas Edison pensait filmer sur des cylindres photosensibles. Cependant, son assistant, William Dickson, préféra utiliser la pellicule mise au point par George Eastman. Dickson partagea les 7,60 m de film dans le sens de la longueur, puis il perfora les bords pour faciliter le bobinage régulier dans son kinétographe.

L'inventeur américain Thomas Edison (1847-1931)

Les films actuels sont en triacétate de cellulose; les premiers étaient constitués de nitrate de cellulose, très inflammable.

L'inventeur anglais William Dickson (1860-1935)

LE KINÉTOSCOPE
Aux Etats-unis, à la fin des années 1910, les *Nickelodeons* – des lieux équipés de kinétoscopes – proposaient des films d'environ 15 secondes pour une pièce de 5 cents en nickel, d'où leur nom.

Le son est enregistré sur une ligne ondulée située entre les images et les perforations. Le projecteur comprend un système optique qui «lit» la forme de la ligne et restitue le son.

8 MM
Vers 1930, pour réduire le coût du cinéma amateur, les caméras faisaient défiler deux fois les films 16 mm, qui comportaient deux rangées d'images quatre fois plus petites. La séparation du film en deux donna naissance au format 8 mm.

9,5 MM
La société française Pathé lança en 1922 le film 9,5 mm destiné au cinéma amateur. Les perforations étaient situées au centre du film entre chaque image pour agrandir le cadre.

35 MM
Dans le format 35 mm moderne, chaque image chevauche la suivante dans le sens de la largeur du film qui défile verticalement, derrière l'objectif de la caméra ou du projecteur. Sur les premières caméras, le film se déplaçait parfois horizontalement et les images étaient disposées côte à côte, comme c'est encore aujourd'hui le cas pour les films photographiques 35 mm. La caméra Vistavision qui présente encore ce système est parfois utilisée pour des effets spéciaux. La plupart des films 35 mm sont tournés au format dit «académique» : les images sont 1,4 fois plus larges que hautes.

FORMATS

Afin de pallier la mauvaise qualité des pellicules, et pour obtenir une image de bonne taille à la projection, on chargeait dans les toutes premières caméras de larges bandes de film. Le 35 mm s'est ainsi imposé. Mais, avec les progrès de la chimie, les fabricants purent réduire le format, d'où le 16 mm, longtemps utilisé pour les reportages.

16 MM
Le film 16 mm fut lancé en 1923 pour le cinéma amateur. Le format de ce film «non-flamme» (ininflammable) fut créé pour remplacer le 17,5 mm (soit la moitié de la largeur du 35 mm), afin que les cinéastes amateurs cessent de partager le «film flamme» 35 mm en deux pour l'utiliser dans leurs projecteurs et caméras. Un grand nombre de films sont aujourd'hui tournés en 16 mm.

70 MM
Pour le projeter dans de très grandes salles, on agrandit parfois le film 35 mm pour en faire une copie sur du film 70 mm. Dans le passé, certains films furent tournés avec des caméras qui contenaient du film 65 mm et restituaient les images sur du 70 mm.

ÉCRAN PANORAMIQUE
Pour tourner des films à grand spectacle destinés à être projetés sur écran large, on utilise un anamorphoseur, qui comprime une image plus large que la normale. Le projecteur est muni d'un objectif désanamorphoseur qui décomprime l'image et restitue sur l'écran un format panoramique.

PLUS VRAI QUE NATURE
Les réalisateurs de films en relief y incorporaient souvent des vues impressionnantes comme par exemple des rondins dévalant vers la caméra. L'effet était parfois si réaliste que le public plongeait sous les sièges pour s'abriter.

FILMS EN RELIEF

Pour obtenir une impression de relief lors de la projection d'un film, il faut utiliser pour le tournage une caméra comportant deux objectifs distants de plusieurs centimètres qui enregistreront deux images distinctes (procédé «3 D»). Les spectateurs portent des lunettes spéciales, de façon à voir une image avec l'œil gauche, et l'autre avec l'œil droit.

CALAMARS GÉANTS
Le format panoramique le plus récent est l'IMAX. Des images dix fois plus grandes que celles de 35 mm sont projetées sur un écran incurvé, produisant un effet d'un réalisme spectaculaire et parfois terrifiant.

LUNETTES COLORÉES
Pour regarder les films noir et blanc en «3 D», le public devait porter des lunettes colorées. Plus tard, des lunettes polarisantes grises furent mises au point pour des films en couleurs.

Verre bleu

Verre orange

Les verres correspondent à des filtres du projecteur pour que chaque œil voie l'image qui lui est destinée.

LES CAMÉRAS N'ONT PAS TOUJOURS TOURNÉ ROND

Les inventeurs des caméras durent faire face à deux problèmes : la régularité du mouvement, en prenant au moins 16 vues par seconde, et la stabilité de l'image, en faisant avancer le film d'une distance égale entre chaque image.

Les toutes premières caméras ne résolvaient aucune de ces deux difficultés, d'où les mouvements sautillants et irréguliers bien connus. Pour supprimer ces inconvénients, Louis Le Prince eut l'idée de découper les images à la main puis de les assembler de nouveau à une distance constante les unes des autres. Mais ce procédé n'était applicable qu'aux films très courts. En 1889, Thomas Edison et William Dickson mirent au point leur kinétographe, avec lequel ils tournèrent un court métrage présentant un homme qui « saluait, souriait et ôtait son chapeau gracieusement et avec le plus grand naturel ». Cette simple scène enchanta tous ses spectateurs, mais la meilleure solution n'était pas encore trouvée.

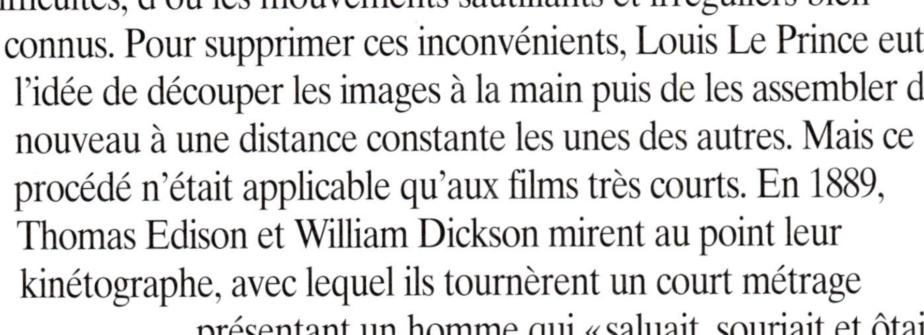

Plan de la caméra fabriquée en 1888 par Le Prince

AVANT-GARDE FRANÇAISE
Trois ans avant Dickson, le Français Louis Le Prince avait déjà tourné plusieurs courts métrages en Grande-Bretagne (p. 12), grâce à un projecteur-caméra à une lentille. Mais il disparut mystérieusement avant d'avoir pu perfectionner son appareil.

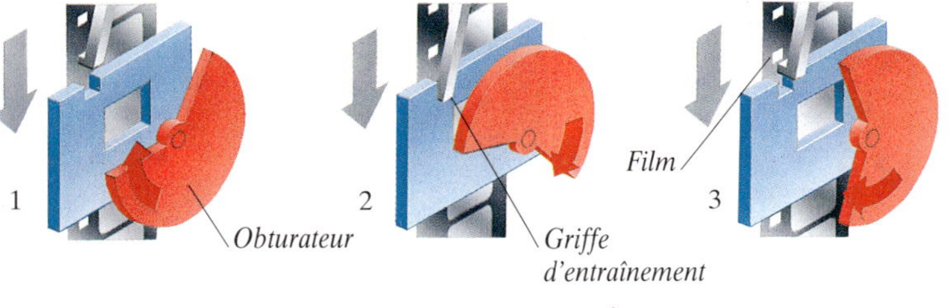

COMMENT FONCTIONNE UNE CAMÉRA

Le film avance selon un mouvement intermittent. Lors de la phase d'arrêt, un disque semi-circulaire rotatif qui tient lieu d'obturateur pivote, et les rayons lumineux viennent impressionner le film (1). Lorsque l'obturateur se referme, une griffe avance, s'engage dans l'une des perforations et tire le film vers le bas (2) ; il est alors prêt pour l'image suivante. La griffe se retire ensuite et l'obturateur s'ouvre de nouveau (3). Ce processus se répète 24 fois par seconde pour les caméras modernes.

Caméra Debrie Parvo vue de côté

La caméra se met à fonctionner lorsque l'on tourne cette manivelle.

La Debrie Parvo est une caméra de fabrication française.

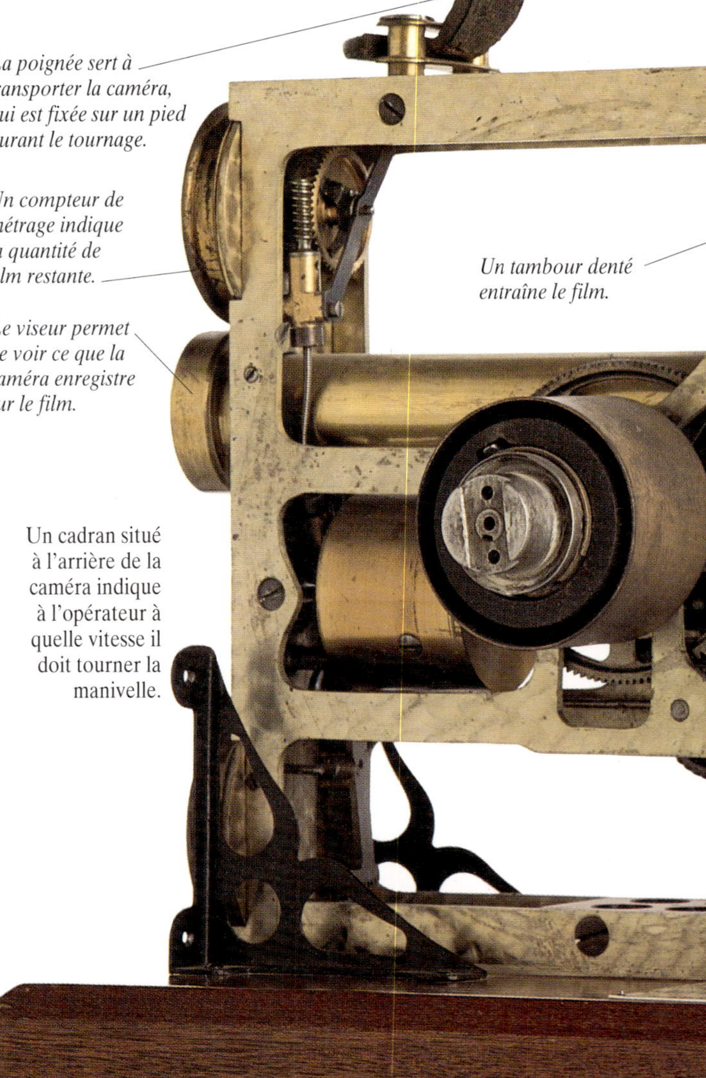

La poignée sert à transporter la caméra, qui est fixée sur un pied durant le tournage.

Un compteur de métrage indique la quantité de film restante.

Le viseur permet de voir ce que la caméra enregistre sur le film.

Un tambour denté entraîne le film.

Un cadran situé à l'arrière de la caméra indique à l'opérateur à quelle vitesse il doit tourner la manivelle.

Gimme, l'un des tout premiers films, fut tourné aux studios Goldwyn de Culver City.

MOUVEMENT FRÉNÉTIQUE
Jusqu'à la fin des années 1920, les caméras étaient entraînées à la main : pour exposer le film, l'opérateur (à droite sur la photo) tournait une manivelle située sur le côté de la caméra à une vitesse de deux tours par seconde environ. Cependant, les opérateurs actionnaient parfois la manivelle plus lentement, ce qui accélérait les mouvements de tous les acteurs lors de la projection du film, et l'on obtenait alors l'action saccadée et frénétique qui caractérise les films muets.

MAGASINS EN « OREILLES DE MICKEY »
Sur les caméras anglaises Bell & Howell, les deux bobines de film étaient installées l'une derrière l'autre dans des magasins séparés opaques à la lumière. La silhouette caractéristique de ces caméras devint vite familière grâce aux photographies de tournage présentées par les revues de cinéma.

LA CAMÉRA DEBRIE PARVO
Comme la plupart des premières caméras de cinéma, la Debrie Parvo possédait un boîtier en bois, qui la rendait très légère et compacte par rapport aux caméras modernes de 35 mm. Les deux magasins étaient disposés côte à côte dans la caméra et, pour commencer à filmer, l'opérateur n'avait qu'à tourner la manivelle située sur le côté droit de l'appareil. La Debrie Parvo, brevetée en 1908, fut très utilisée par les cinéastes.

CAMÉRAS MODERNES
Au fil du développement de la technique cinématographique, les caméras sont devenues plus complexes : les caméras actuelles font simultanément appel à l'optique, à la mécanique et à l'électronique. Il existe aujourd'hui de nombreux modèles différents, adaptés aux divers types d'utilisations. Certaines caméras polyvalentes, comme celle qui figure ici, sont à la fois suffisamment compactes pour permettre le tournage dans des endroits d'accès difficile et silencieuses pour les studios de prise de son.

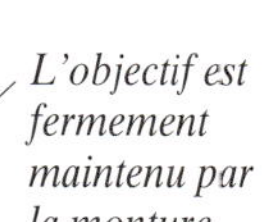

L'objectif est fermement maintenu par la monture.

Manivelle

Obturateur semi-circulaire

Cet objectif semble très simple par rapport à ceux d'aujourd'hui.

Intérieur d'une caméra Debrie Parvo

Le levier d'ouverture de l'objectif permet de contrôler la quantité de lumière qui vient impressionner le film.

Une tige latérale permet à l'opérateur qui se tient derrière la caméra d'effectuer la mise au point.

Le chiffre qui apparaît dans l'ouverture située à l'avant de la caméra indique la position de l'obturateur.

Caméra Debrie Parvo vue de face

LE CHOC DU CINÉMATOGRAPHE

Les premiers films d'Edison remportèrent un immense succès, mais les kinétoscopes présentaient un inconvénient majeur : leur public se limitait à une seule personne à la fois. Ces appareils de vision individuelle (p. 12) ne permettaient pas la projection sur un écran. Dans le même temps, un peu partout dans le monde, d'autres inventeurs cherchaient à combiner divers systèmes pour réaliser des projections publiques. Ainsi, l'Allemand Max Skladanowsky parvient le 1er novembre 1895 à réaliser une telle projection grâce à son bioscope. Mais c'est de France que vient l'étincelle : les frères Lumière construisent le cinématographe, une caméra qui tient aussi lieu de projecteur, projettent le 22 mars 1895 le premier vrai film lors d'une conférence, et, le 28 décembre de la même année, ont lieu les premières séances publiques et payantes dans le sous-sol du Grand Café, 14, boulevard des Capucines, à Paris.

LE CINÉMATOGRAPHE «LUMIÈRE»
Les Français Auguste (1862-1954) et Louis (1864-1948) Lumière inventèrent le premier système capable à la fois de tourner et de projeter des films. Lors de la projection, ils disposaient une lampe puissante derrière la caméra.

La cheminée évacue la chaleur de la lampe.

L'obturateur rotatif masque le faisceau lumineux pendant que le film descend d'une image.

Le film pouvait prendre feu si le projectionniste cessait de tourner la manivelle qui faisait défiler les images.

Ces boutons de bois évitent un échauffement excessif des commandes.

Vis de réglage

Le projecteur Pathé fut le premier modèle sur pied.

LES PREMIERS PROJECTEURS
Ils étaient composés de lanternes magiques équipées d'un mécanisme pour faire avancer le film. La source lumineuse la plus fréquemment utilisée était la lumière oxhydrique (au gaz); cependant, avec l'avènement de l'électricité, les projectionnistes lui préférèrent l'arc électrique. Sous l'action de la manivelle, le mécanisme faisait avancer le film en tirant sur les perforations. Ce système produisait une usure importante et des ruptures du film fréquentes.

ENTRAÎNEMENT AU TIR
Le cinéma n'était pas qu'un moyen de distraction. En effet, les inventeurs lui trouvèrent rapidement d'autres applications. Ces soldats français s'entraînent au tir sur un écran de cinéma.

LES FRÈRES PATHÉ
Charles Pathé (1863-1957) et son frère Emile (1860-1937) fabriquèrent la plupart des projecteurs utilisés pour projeter les premiers films et ils les commercialisèrent sous la marque Pathé Frères. Cependant, on associe plus fréquemment leur nom aux films d'actualités produits dès 1909 par leur société, sous le nom de Pathé-Journal. Sur cette affiche publicitaire, les deux frères, accompagnés d'un coq, l'emblème de la société, transportent des projecteurs et des bobines de film.

Machine à coudre

IMITATION
Les frères Lumière brevetèrent leur caméra-projecteur en 1895. Cet appareil utilisait le principe de la machine à coudre, qui maintient le tissu immobilisé pendant la piqûre et le fait avancer rapidement entre les piqûres; de la même manière, le projecteur immobilise le film pendant la projection de l'image sur l'écran puis le fait avancer entre les images.

Boîtier du projecteur

PROJECTEURS POUR PARTICULIERS
Grâce à l'invention du film «non-flamme» (p. 13), la projection devint beaucoup moins dangereuse dès 1912, et l'on commença à fabriquer des projecteurs pour les particuliers, comme ce modèle Pathé Frères, conçu pour projeter des copies en réduction des films professionnels.

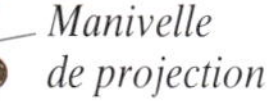

Manivelle de projection

L'objectif agrandit les films pour les projeter sur des écrans atteignant 90 cm x 60 cm.

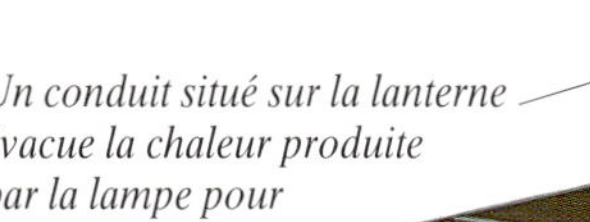

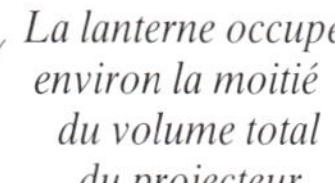

Les bobines reçoivent jusqu'à 305 m de film.

La lanterne occupe environ la moitié du volume total du projecteur.

Un conduit situé sur la lanterne évacue la chaleur produite par la lampe pour éviter que la température de la cabine de projection ne s'élève trop.

L'unité sonore amovible contient le système de lecture des bandes-son magnétiques.

Les pièces du mécanisme sont interchangeables afin de permettre la projection des films 35 mm et 70 mm.

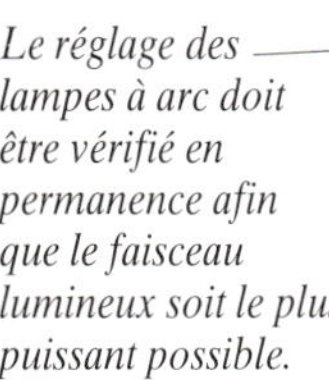

Tête de lecture optique

Le réglage des lampes à arc doit être vérifié en permanence afin que le faisceau lumineux soit le plus puissant possible.

ÉVOLUTION
Les salles de cinéma devenues plus grandes nécessitaient des projecteurs plus importants, équipés de lampes très puissantes. La lanterne du projecteur Gaumont-Kalee est énorme car elle contient une lampe à arc fort volumineuse. On trouvait ce type de projecteur dans la plupart des grands cinémas dans les années 1950 et quelques exemplaires sont encore en service actuellement. Les modèles récents comprennent un grand nombre de fonctions automatiques et ils permettent de projeter les films en continu dans les cinémas à plusieurs salles. Dans un cinéma multiplex à cinq salles, un seul projectionniste suffit, car les bobines ne sont changées que pour chaque nouveau programme.

«CINÉMA PARADISO»
Le jeune héros de ce film réalisé en 1988 par Giuseppe Tornatore est fasciné par le cinéma et devient l'ami d'un projectionniste. Les risques d'incendie dans les anciennes cabines de projection étaient considérables, et, dans ce film, un incendie détruit le cinéma du village, manquant tuer le projectionniste.

C'ÉTAIT AU TEMPS D'HOLLYWOOD ET DU CINÉMA MUET

L'invention de l'image animée fut une telle révolution que les spectateurs payaient pour le simple plaisir de voir des acteurs marcher ou danser sur l'écran. Mais les films d'alors n'étaient que des documentaires, et, lorsque cet engouement retomba, les sociétés de production réalisèrent des films à scénario où la narration l'emportait sur la reproduction de la réalité, suivant en cela l'exemple du Français Georges Méliès (1861-1938). Cet ancien prestidigitateur démontra que le cinéma pouvait aussi être un spectacle et un art en tournant de nombreux petits films burlesques, fantastiques et d'anticipation, comme « le Voyage dans la Lune » en 1902. Aux États-Unis, les grandes compagnies de la côte Est émigrèrent en 1910 vers l'ouest du pays et la Californie, aux cieux plus cléments. Ils s'installèrent à Hollywood, une petite ville près de Los Angeles, où le soleil brillait en permanence et où la nature présentait une variété inimaginable de paysages, offrant ainsi autant de décors naturels pour leurs films. La ville se développa rapidement et sa population sextupla en quelques années : le mythe était né.

Florence Lawrence

BIOGRAPH GIRL
La première vedette d'Hollywood fut Florence Lawrence. Jusqu'en 1909, elle joua les rôles principaux des films réalisés par les studios Biograph, dont les affiches ne la citaient que comme la «Biograph Girl». Elle les quitta pour un studio rival, qui la rendit célèbre sous son véritable nom.

SOUS LE SOLEIL DE CALIFORNIE
Les cinéastes trouvaient près d'Hollywood toutes sortes de décors naturels, représentant le désert du Far West, le relief escarpé des Alpes ou encore les collines d'Angleterre. La qualité de la lumière du jour leur permettait de tourner des films entiers sans faire appel à de coûteux éclairages.

L'une des premières traditions du cinéma fut d'inscrire le nom des acteurs principaux et du metteur en scène sur leurs fauteuils respectifs.

DANS UN FAUTEUIL
Le tournage d'un film muet s'effectuait rarement dans le silence. En effet, la caméra cliquetait, et, comme il n'y avait pas de bande-son, le metteur en scène, installé dans son fauteuil près de la caméra, pouvait diriger les acteurs à voix haute pendant la prise de vues avec un porte-voix.

SANS RÉPIT
Une équipe réduite et un minimum de matériel suffisaient pour tourner un film muet. Lors des tournages sans difficulté particulière, comme cette scène de pique-nique avec Mary Pickford, « la petite fiancée du monde », dans *Daddy Long Legs* (1919), l'équipe se composait des acteurs, du metteur en scène, de l'opérateur de prise de vues et de quelques assistants. Tout le monde travaillait dur, les journées étaient très longues et on tournait six jours par semaine.

Magasin contenant les bobines de film

Caméra Pathé

ATTITUDES
Dans de nombreux films muets, on n'hésitait pas à recourir aux intertitres, mais les bons metteurs en scène préféraient s'appuyer sur le jeu des acteurs pour raconter l'histoire. En l'absence de dialogue, acteurs et actrices devaient, comme nos mimes actuels, adopter des attitudes mélodramatiques pour suggérer la moindre émotion.

Betty Bronson interprète le rôle de Marie-Madeleine dans le *Ben-Hur* de Fred Niblo (1925).

SUIVRE L'ACTION
On utilisait des intertitres pour donner au public des indications sur le déroulement de l'histoire. Certains intertitres simples se limitaient aux indications chronologiques, alors que d'autres présentaient de véritables discours, si bien que les spectateurs illettrés devaient se faire accompagner, et il s'ensuivait de nombreux chuchotements.

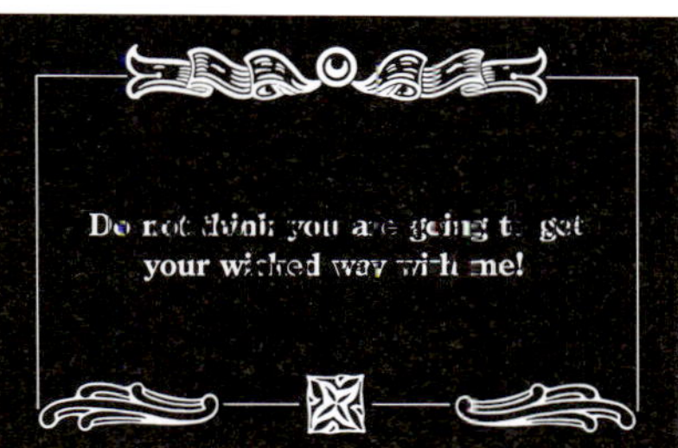

LE CINÉMA EN EUROPE
Si Hollywood demeura le centre mondial du cinéma pendant presque toute l'ère du muet, l'industrie du cinéma florissait également dans d'autres pays : en 1913, l'Allemagne produisit un plus grand nombre de longs métrages que les Etats-Unis. En 1926, le metteur en scène allemand Fritz Lang présenta dans son chef-d'œuvre muet *Metropolis* une vision inquiétante de l'avenir.

CAMÉRA FIXE
Les premières caméras à manivelle étaient posées sur un trépied pendant le tournage. L'opérateur pouvait les orienter vers le haut ou vers le bas et les faire pivoter sur la gauche ou sur la droite pour suivre l'action. Il était difficile de les déplacer au cours du tournage et peu de metteurs en scène s'y risquèrent au début du muet.

AFFICHES INFLUENTES
Les films muets apparurent bien avant la télévision et la publicité radiophonique ne débuta qu'en 1922. Le public apprenait la sortie des films nouveaux par voie orale, par les journaux et par les affiches. Une belle affiche produisait autant d'effet que le film qu'elle présentait : ainsi celle pour *Loulou* (1929).

QUE LA LUMIÈRE SOIT...
Lorsque le soleil faisait défaut, les studios de cinéma utilisaient de puissants projecteurs électriques, qui fonctionnaient en créant une forte décharge électrique, ou arc, entre deux tiges de charbon. Le bruit produit par cette décharge ne posa aucun problème jusqu'à l'arrivée du parlant, à la fin des années 1920. Mais ces projecteurs dégageaient une forte chaleur qui incommodait souvent les acteurs et les techniciens.

MESSAGES POLITIQUES
La classe politique comprit rapidement le pouvoir de persuasion du cinéma. En Union soviétique, des films, tel *le Cuirassé Potemkine* d'Eisenstein (1925), firent passer des messages politiques sans ambiguïté.

LA FIN D'UNE ÉPOQUE
A l'apparition du cinéma parlant, en 1927, nombreux furent ceux qui affirmèrent que le public lui préférerait les films muets. Pourtant, ceux-ci disparurent très vite. Le dernier long métrage muet, *le Pauvre Millionnaire*, sortit deux ans après la projection du premier film parlant.

Trépied en bois

Un écarteur maintient les pieds du trépied.

LES STARS RÉGNAIENT SUR LES STUDIOS

Qualifiés parfois à leur époque de « spectacles médiocres pour gens médiocres », les premiers films étaient de mauvaise qualité, ne duraient jamais plus de quinze minutes et présentaient des acteurs inconnus pour un prix d'entrée très bas. À partir de 1910, l'industrie du cinéma évolua : les studios hollywoodiens produisaient des films de meilleure facture, plus longs et dans lesquels jouaient des acteurs de renom. Les grandes compagnies étaient dirigées par les « magnats du cinéma », des hommes d'affaires qui avaient bâti des fortunes considérables en produisant des films. Maîtres de leurs studios, ils choisissaient les sujets, supervisaient la réalisation des films et lançaient les vedettes. Les acteurs de premier plan signaient des contrats d'exclusivité agrémentés de cachets énormes, et des millions d'admirateurs suivaient tous leurs faits et gestes, à l'écran comme dans leur vie privée, transposant ainsi leurs besoins et leurs rêves.

RICHE ET CÉLÈBRE
Le monde du cinéma semblait mener une vie idyllique. De grandes maisons aux styles les plus divers poussaient comme des champignons sur les collines autour d'Hollywood, et toute vedette se devait de posséder une piscine, plusieurs voitures et d'organiser des réceptions fastueuses.

VALENTINO
Rudolph Valentino (1895-1926), l'amant arabe du film *le Cheikh* (1921), était l'idole de millions de spectateurs. Sa mort suscita des scènes d'hystérie.

GLORIA SWANSON
La carrière de Gloria Swanson (1897-1983) débuta lorsque, vendeuse de 16 ans, elle visita un plateau de cinéma où l'on lui proposa un rôle de figuration.

BEBE DANIELS
Virginia «Bebe» Daniels (1901-1971) débuta à l'écran à neuf ans et devint célèbre comme partenaire d'Harold Lloyd dans ses comédies muettes.

POLA NEGRI
Le fort accent polonais de la star du muet Pola Negri (1901-1987) porta un coup fatal à sa carrière dès l'apparition du parlant.

THEDA BARA
Le nom de scène de cette actrice, célèbre pour ses rôles de sensuelle princesse orientale, était un anagramme des mots *arab death,* «mort arabe». Née en 1890 sous le nom de Theodosia Goodman, elle mourut en 1955.

Renée Adorée

John Gilbert

Lilian Gish

«JE CONNAIS CE VISAGE»
Les vedettes de cinéma étaient si célèbres que leur seul visage permettait de vendre pratiquement n'importe quel produit. Ainsi, les cartes à collectionner que l'on trouvait dans les paquets de cigarettes connurent une grande vogue dans les années 1920.

STATUT DE STAR

Les premiers acteurs de cinéma étaient anonymes et ne touchaient que de modestes cachets. Le « star système » apparut lorsque des comédiens de théâtre célèbres et bien rémunérés jouèrent aussi dans des films.

LES STUDIOS ANGLAIS
Les studios se multiplièrent en Grande-Bretagne entre 1920 et 1930. Les studios Rank, les plus célèbres, furent fondés vers 1930 par le magnat de la meunerie J. Arthur Rank pour réaliser des films religieux.

CINECITTÀ
Les studios italiens jouèrent un rôle important au début du cinéma, mais furent ensuite éclipsés par Hollywood. Cinecittà reprit le flambeau dans les années 1950 et produisit des films à succès.

GAUMONT
L'industriel français Léon Gaumont (1863-1946) fut l'inventeur du cinéma parlant et du cinéma en couleurs. En 1902, il présenta l'un des premiers films utilisant la technique son sur disque.

LES ARTISTES ASSOCIÉS
Afin de retrouver leur indépendance vis-à-vis des grandes compagnies, certains acteurs décidèrent de créer leurs propres studios. Les époux Mary Pickford et Douglas Fairbanks (ci-dessus) s'associèrent avec Charlie Chaplin et le metteur en scène D.W. Griffith pour fonder la firme des Artistes Associés. Cette société finançait et distribuait les films mais ne possédait pas de studio.

Mae Murray

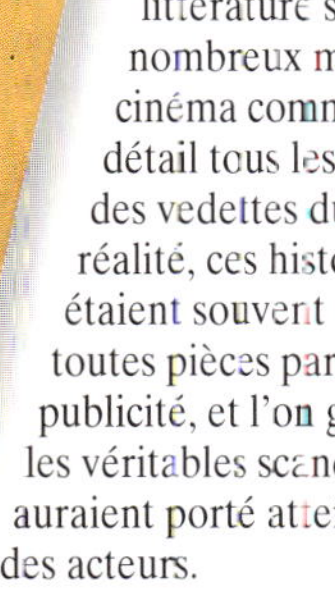

L'INDUSTRIE DU RÊVE
La vie des acteurs d'Hollywood donna naissance dans les années 1930 à toute une littérature spécialisée. Les nombreux magazines de cinéma commentaient en détail tous les faits et gestes des vedettes du moment. En réalité, ces histoires «vraies» étaient souvent créées de toutes pièces par les agents de publicité, et l'on gardait secrets les véritables scandales, qui auraient porté atteinte à l'image des acteurs.

STUDIOS HOLLYWOODIENS

La production de films est une entreprise hasardeuse, mais les hommes d'affaires qui créèrent les studios d'Hollywood ne se laissèrent pas décourager. Certains d'entre eux, comme Harry Cohn des Studios Columbia, devinrent légendaires pour leurs manières, mais tous savaient reconnaître le talent et satisfaire le public.

POUDRIER DE STAR
Ce poudrier est décoré avec le visage de Norma Talmadge (1897-1957), grande vedette du muet.

PARAMOUNT
Adolph Zukor, le grand manitou des studios Paramount, testait ses films en les montrant à ses enfants car il pensait que le public réagirait de la même façon qu'eux.

MGM
La devise de la Metro Goldwyn Mayer était : «Plus d'étoiles que le firmament». Parmi les célébrités de ce studio figuraient le chien Lassie et Elizabeth Taylor.

WARNER BROTHERS
Jack, l'un des frères Warner, rejeta un jour une critique défavorable en disant : «Cette feuille de chou nous servira de papier toilettes.»

20TH CENTURY FOX
Ce célèbre studio fut créé en 1935 par la fusion de plusieurs sociétés, parmi lesquelles les studios Fox, pionniers du son et de la couleur.

CHANTEUR DE JAZZ
Les tout premiers films sonores datent du début du siècle, mais les premiers longs métrages parlants n'apparurent qu'en 1927, lorsque sortit *le Chanteur de jazz* d'Alan Crosland. Dans ce film, le célèbre Al Jolson (1886-1950) chante à plusieurs reprises et parle dans deux courtes séquences. Le reste du film est muet.

LE SILENCE N'EST PLUS D'OR

Le cinéma savait dès lors parfaitement restituer le mouvement, mais l'illusion n'était pas complète, car il manquait le son. Et le public semblait se lasser des films muets accompagnés d'un piano ou d'une bande sonore. En 1927, son intérêt fut ranimé par une invention spectaculaire qui permettait de synchroniser, c'est-à-dire de produire simultanément, le son et les images. Le premier film parlant, « le Chanteur de jazz », obtint un succès énorme et eut un retentissement international. Les vedettes hollywoodiennes ne partageaient pourtant pas cet enthousiasme : leurs mouvements exagérés, si expressifs dans les films muets, ne s'apparentaient plus qu'à un mauvais jeu et leurs voix n'étaient pas toujours gracieuses ni en harmonie. L'arrivée du parlant fut la fin d'une brillante carrière pour un grand nombre de vedettes et le début d'une nouvelle vie pour celles qui purent s'adapter.

A la mise en marche du projecteur, le film et le disque se déclenchaient simultanément.

Lourds et fragiles, les disques se brisaient souvent lors du transport.

Le projectionniste plaçait l'aiguille sur un point précis, marqué sur le disque, pour que le son commence au bon moment.

Un seul moteur commandait la synchronisation de l'image et du son.

PROJECTEURS SONORES
Aujourd'hui, le son est directement enregistré sur la pellicule. Au début du parlant, il se trouvait parfois sur un disque séparé et le projectionniste devait assurer la simultanéité du son et de l'image, ce qui n'était pas toujours une tâche facile.

LE VITAPHONE
Pour assurer le succès d'un film parlant, il faut synchroniser (produire simultanément) le son et l'image. Le système d'enregistrement et de reproduction du son sur disque Vitaphone fut l'un des premiers à y parvenir. Mais son incompatibilité avec d'autres systèmes causa d'énormes problèmes et incita les fabricants à mettre au point un système standard, pour que les cinémas n'aient plus besoin que d'un seul type de projecteur. Le Vitaphone fut abandonné dès 1930.

Ce grand pavillon amplifiait le son.

PAVILLON CACHÉ
La réalisation de films parlants posa de nombreux problèmes : les amplificateurs électroniques n'existaient pas et il était difficile de placer le pavillon du matériel d'enregistrement hors du champ de la caméra alors qu'il fallait être assez près pour bien enregistrer le son.

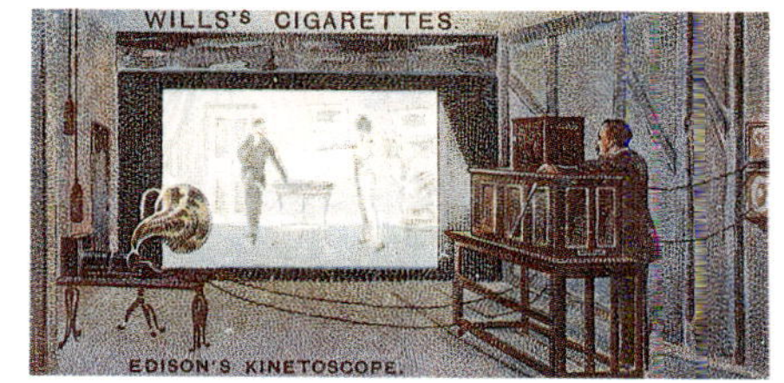

Studio d'Edison

CHANTEUR DE CHARME COMIQUE
Le comique français Rigadin enregistre ici la bande-son de l'un de ses films. Pour surmonter les problèmes que posait l'enregistrement simultané du son et de l'image, la plupart des cinéastes tournaient le film sans bande sonore. L'acteur enregistrait ensuite les paroles ou les chansons en synchronisation avec le film.

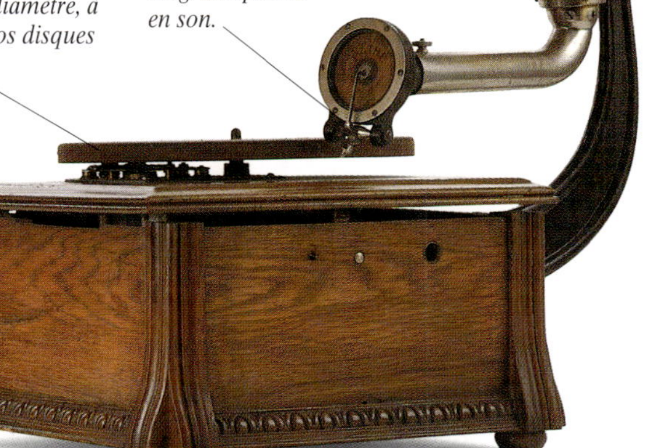

Les premiers disques de gramophone ne mesuraient que 127 mm de diamètre, à peine plus que nos disques laser actuels.

Une aiguille d'acier convertit les sillons du disque du gramophone en son.

LE GRAMOPHONE
A l'apparition du cinéma parlant, on savait déjà enregistrer le son correctement. En effet, en 1878, Thomas Edison avait inventé le phonographe, qui restituait des enregistrements gravés sur des cylindres de cire. Le projecteur et le gramophone, inventé en 1888, étaient reliés par un dispositif mécanique qui permettait de les faire fonctionner à la même vitesse.

IL A ÉCHOUÉ...
John Gilbert (1895-1936), une grande vedette du muet, ne parvint pas à s'adapter au cinéma parlant : les spectateurs éclataient de rire dès qu'ils entendaient sa voix aiguë de fausset. Il tenta en vain de modifier le timbre de sa voix. Déchu, il mourut d'une crise cardiaque.

LE SON DU FILM
L'enregistrement du son directement sur le film permet d'assurer la synchronisation de l'image et de la bande-son. Une valve électronique située dans la caméra émet une lueur d'intensité proportionnelle au niveau sonore, créant ainsi les lignes de la bande-son. Le projecteur contient une cellule photosensible capable de «lire» ces lignes et de restituer le son.

Bande-son magnétique

Whoopee (1930), de Thornton Freeland, dont la vedette était Eddie Cantor, fut l'une des premières comédies musicales. Des copies couleur 35 mm ont miraculeusement survécu.

... MAIS ELLE A RÉUSSI
L'accent prononcé de nombreux acteurs européens mit fin à leur carrière américaine. Les spectateurs adorèrent néanmoins la voix rauque de la Suédoise Greta Garbo, qui correspondait à son image de femme froide et mystérieuse.

D'ABORD MUET
Alfred Hitchcock (1899-1980) réalisa en 1929 le premier film parlant britannique, *Chantage.* Ce film, muet à l'origine, fut adapté par son réalisateur qui fit doubler le premier rôle féminin, tenu par une Tchèque qui parlait à peine l'anglais.

Alfred Hitchcock

Anny Ondra

UN PERCHISTE TIENT LA PERCHE
Les acteurs des premiers films parlants pouvaient à peine se déplacer, car ils devaient parler dans des microphones cachés sur le plateau. Le problème fut résolu en fixant le microphone sur une perche. Le perchiste suivait les acteurs dans tous leurs déplacements, tenant la perche au-dessus du plateau, hors du champ de la caméra.

LES PALACES S'OUVRENT À TOUS

Durant l'âge d'or du cinéma, les grandes vedettes étaient des rois et des reines dont on pouvait s'offrir la présence pour le prix d'un ticket d'entrée. Les amateurs de cinéma entraient dans la magie hollywoodienne dès qu'ils passaient la porte des somptueux palaces. Une ouvreuse en uniforme les guidait dans un luxueux hall aussi grand qu'une cathédrale, décoré de marbre et de lustres de cristal, puis leur faisait gravir des marches recouvertes d'épais tapis avant de leur indiquer leur siège. Un spectacle de ballet accompagné par un orchestre précédait les films. Ces palaces des années 1920 et 1930 offraient de nombreux services, comme, par exemple, des restaurants, des crèches pour les enfants, un service téléphonique gratuit, des galeries d'art, des salles de danse ou de jeux. On trouvait un hôpital dans tel cinéma, un pédicure dans tel autre. Le but était d'inciter les spectateurs à se déplacer le plus souvent possible : en 1930, alors que les États-Unis comptaient 122 millions d'habitants, 95 millions d'Américains allaient au cinéma chaque semaine.

GRANDE PREMIÈRE

En 1895, les frères Lumière projetèrent une sélection de leurs films (pp. 16-17). Ils n'eurent que 33 spectateurs lors de la première séance, mais, en quelques jours, sans autre publicité que le bouche à oreille, le public afflue, et, rapidement, plus de 2 000 spectateurs se précipitent chaque jour au Grand Café. Les salles se multiplièrent alors dans le monde entier.

ILLUMINATIONS

L'extérieur des cinémas des années 1920 et 1930 était en tout point aussi grandiose que l'intérieur. Un grand nombre d'entre eux, dont l'architecture s'inspirait du style oriental, comportaient des dômes et des minarets incrustés d'or. D'autres se profilaient comme la proue d'un navire. La plupart des cinémas étaient très voyants : de nuit, des centaines d'ampoules électriques et de tubes au néon illuminaient les bâtiments, clignotaient et produisaient des effets lumineux spectaculaires.

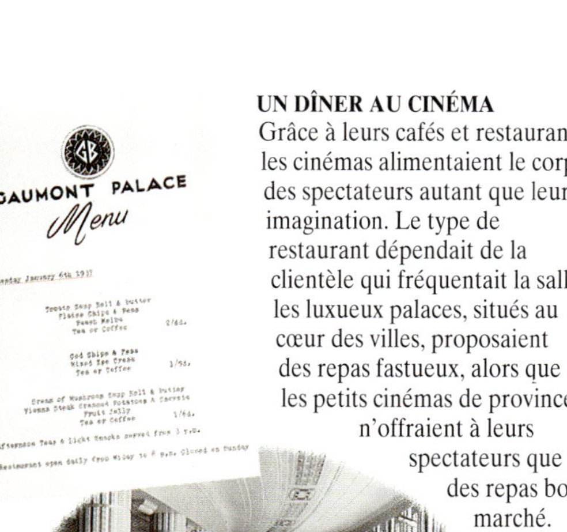

GAUMONT PALACE
Menu

Wednesday January 6th 1937

Tomato Soup Roll & Butter
Plaice Chips & Peas
Peach Melba
Tea or Coffee 2/6d.

Cod Chips & Peas
Mixed Ice Cream
Tea or Coffee 1/9d.

Cream of Mushroom Soup Roll & Butter
Vienna Steak Creamed Potatoes & Carrots
Fruit Jelly
Tea or Coffee 1/6d.

Afternoon Teas & Light Snacks served from 3 p.m.

Restaurant open daily from 12 to 8 p.m. Closed on Sunday

UN DÎNER AU CINÉMA

Grâce à leurs cafés et restaurants, les cinémas alimentaient le corps des spectateurs autant que leur imagination. Le type de restaurant dépendait de la clientèle qui fréquentait la salle : les luxueux palaces, situés au cœur des villes, proposaient des repas fastueux, alors que les petits cinémas de province n'offraient à leurs spectateurs que des repas bon marché.

Des touches d'arrêt disposées autour du clavier permettaient de modifier la sonorité des notes.

Tabouret conçu pour que le public puisse admirer le mouvement des pieds de l'organiste sur le pédalier

L'ORGUE ROI

A l'époque du muet, un pianiste accompagnait les images. Avec le développement des salles, les pianos furent remplacés par des orgues, et, en 1929, alors que le parlant allait les rendre inutiles, les orgues de cinéma étaient devenus des instruments somptueux. Des lumières vives ornaient la console et le clavier, et, lorsque la musique commençait, l'orgue s'élevait au-dessus du sol. Les orgues les plus sophistiqués pouvaient également produire des bruitages simples.

Reginald Dixon, célèbre organiste

LES CATHÉDRALES DU CINÉMA
L'intérieur somptueux des palaces de cinéma suffisait à transporter le public dans des lieux inconnus et lointains. Des lampes dissimulées produisaient un éclairage tamisé qui changeait de couleur graduellement. Des projecteurs spéciaux faisaient apparaître au plafond un ciel étoilé ou des nuages en mouvement, et certains cinémas allaient jusqu'à vaporiser du parfum dans le système de climatisation.

Détail de la décoration du *Regal Cinema* de Tooting, à Londres

POP-CORN ET COCA-COLA
Cinq ans avant l'apparition des premiers films, John Pemberton d'Atlanta, en Géorgie (Etats-Unis), inventa le Coca-Cola, qui devait devenir la boisson favorite de millions de spectateurs de cinéma. Le pop-corn, quant à lui, est beaucoup plus ancien : on le consommait en Amérique centrale, il y a plusieurs milliers d'années.

Même dans les salles les plus prestigieuses, le prix du ticket demeurait abordable pour tous.

Façade du *Regal*

ARTS DÉCO
Les premiers cinémas étaient des salles de music-hall reconverties. En 1910, les architectes commencèrent à dessiner de véritables salles de cinéma. On leur accordait une très grande liberté de création, et, parmi les cinémas des années 1920 et 1930 qui existent encore aujourd'hui, figurent de superbes exemples d'architecture Arts déco, le style décoratif dominant lors de la période de l'entre-deux-guerres (1918-1939).

«ROXY»
L'Américain Samuel Rothafel, surnommé «Roxy», créa les plus grands palaces de cinéma. Son *Roxy Cinema* de New York, ouvert en 1927, pouvait accueillir plus de 6 200 spectateurs.

AUTOMOBILES ET TRAINS
Les premiers *drive-in* (cinémas en plein air) apparurent en 1933 dans le New Jersey, aux Etats-Unis. Les dirigeants de l'Union soviétique firent construire un cinéma dans une voiture de train pour que les régions isolées puissent elles aussi en profiter. Le train *Agit* répandit la parole du gouvernement en projetant des films de propagande.

COULEURS AU POCHOIR
Il fallait utiliser un pochoir différent pour chaque couleur appliquée sur le film en noir et blanc. L'équipe visionnait les photogrammes un à un, traçait les contours des zones à colorer puis découpait les pochoirs. La qualité des couleurs requérait de l'habileté.

HOLLYWOOD HÉSITE
L'arrivée de la couleur ne fit pas l'unanimité dans la capitale du cinéma. Beaucoup préféraient la subtile palette des gris aux couleurs trop criardes du Technicolor.

HOLLYWOOD EN VOIT DE TOUTES LES COULEURS

Après le mouvement, après le son, il ne restait plus à résoudre que le problème de la couleur. Reproduire les teintes de la nature, tel était le dernier défi technique du cinéma. Très vite, des films « en couleurs » furent présentés au public, mais il s'agissait de films peints manuellement au pinceau, à l'aide d'une loupe, image après image. Du fait de sa lenteur, cette méthode de coloration fut rapidement remplacée par le procédé du pochoir, à l'instar de Méliès qui l'imagina dès 1900. Puis, durant de longues années, de nombreux procédés furent mis au point, mais les films en couleurs ne connurent véritablement le succès qu'à partir de 1932, lorsque la société Technicolor produisit sa caméra révolutionnaire trichrome. Cependant, ces films coûtaient encore cher et leur production posait de nombreux problèmes, si bien qu'ils remplacèrent les films en noir et blanc beaucoup plus lentement que le parlant n'avait succédé au muet. En 1954, on réalisait encore la moitié des films en noir et blanc.

LA CAMÉRA TECHNICOLOR TRICHROME
La caméra produite par Technicolor comprenait un cube de verre formé de deux prismes accolés, qui décomposait en deux faisceaux l'image donnée par l'objectif. Ce cube projetait des images distinctes sur trois films négatifs qui enregistraient séparément les parties rouges, bleues et jaunes du sujet. Un système de tirage spécial permettait de superposer les couleurs sur le film destiné à la projection. Ces caméras fonctionnaient bien mais leur fabrication était très coûteuse, et le système de tirage complexe augmentait encore le prix de production des films.

«LA FOIRE AUX VANITÉS»
En 1935, la sortie de *Becky Sharp*, un drame historique inspiré du roman de l'Anglais Thackeray, *la Foire aux vanités*, constitua le premier véritable test pour le Technicolor. C'était en effet le premier long métrage réalisé avec ce procédé. Ce film aux couleurs vives, presque crues, ne reçut pas un accueil unanime : un critique écrivit que les acteurs ressemblaient à «du saumon bouilli à la mayonnaise».

CARY GRANT
Célèbre pour son charme et son grand talent, il fit ses début dans le Technicolor en 1946, en interprétant le rôle de Cole Porter dans *Nuit et Jour*.

INGRID BERGMAN
Son succès comme premier rôle féminin face à Humphrey Bogart dans le classique en noir et blanc *Casablanca* (1942), réalisé par Michael Curtiz, valut à Ingrid Bergman son premier rôle en couleurs, dans le film de 1943 *Pour qui sonne le glas*, de Sam Wood.

BETTE DAVIS
La légendaire Bette Davis tourna son premier film Technicolor *la Vie privée d'Elisabeth d'Angleterre* en 1939, en pleine apogée de sa gloire.

MARLENE DIETRICH
Les films de Marlene Dietrich connaissaient un tel succès qu'elle apparut très vite dans les premiers films Technicolor, comme *le Jardin d'Allah* (1936).

PÉRILS DANS LE DÉSERT
Le Jardin d'Allah, tourné en 1936 avec Marlene Dietrich, fut l'un des premiers longs métrages hollywoodiens entièrement en couleurs. Il offrait au spectateur des décors et des costumes somptueux aux coloris éclatants. Le slogan publicitaire du film était : «Les périls de l'amour dans un désert paradisiaque».

Lunette de visée

UNE VILLE EN FLAMMES
Le procédé Technicolor ne restituait pas toutes les couleurs avec le même succès. Grâce à des rouges et à des jaunes vifs, les flammes produisaient à l'écran un effet spectaculaire, et, durant une période, tous les films comportèrent une scène d'incendie. Dans *Autant en emporte le vent* (1939), de Victor Fleming, la ville d'Atlanta s'embrase.

TOUT EXTÉRIEURS
Le premier film tourné entièrement en extérieurs avec le Technicolor fut *la Fille du bois maudit* réalisé par Henry Hathaway, en 1936. Mais les couleurs ne remportèrent pas le succès escompté. Le magazine *Newsweek* écrivit : «Ces couleurs semblent tellement artificielles qu'elles ôtent au film tout l'attrait de la nouveauté.»

ELLES FONT LE POIDS
Les caméras Technicolor étaient si encombrantes et lourdes que l'on devait impérativement les poser sur un trépied ou un chariot pendant le tournage.

SAMUEL GOLDWYN
Le vendeur de gants polonais Samuel Goldfish (1882-1974) transforma son nom en Goldwyn et devint l'un des plus grands producteurs des Etats-Unis.

PRODUCTION ET RÉALISATION, OU L'ART DE CONVERTIR L'ARGENT EN LUMIÈRE

La réalisation d'un film est coûteuse, car elle exige une somme de travail considérable et un personnel très nombreux. D'énormes capitaux sont donc nécessaires et leur rassemblement relève de la production. Si l'étape de la production la mieux connue du grand public est celle du tournage du film, le travail effectué avant et après cette phase cruciale est tout aussi important. Les producteurs, qui supervisent l'ensemble du processus, choisissent les films à réaliser, trouvent l'argent nécessaire à leur financement et se chargent de leur exploitation commerciale. Avec les réalisateurs, chargés des décisions artistiques, qu'ils engagent, ils élaborent un scénario, établissent un devis et planifient le film en tenant compte du budget et du programme de tournage.

De nombreux films sont d'inspiration littéraire.

DINO DE LAURENTIIS
Ce producteur italien (né en 1919) était expert dans l'art de donner au public ce qu'il attendait. Il produisit les œuvres marquantes du cinéma italien des années 1950.

LES PRODUCTEURS

Ce sont eux les superviseurs. Au cours de la préproduction, il leur faut engager les acteurs, acheter les accessoires et réserver les studios. Ainsi, lorsque débute le tournage, chaque détail du film est planifié, jusqu'aux dernières secondes du dernier plan.

RÉALISATEUR ET ACTEUR
Le réalisateur est chargé de l'image, du son et de l'atmosphère du film, mais il peut aussi occuper d'autres fonctions. Ainsi, le réalisateur américain Spike Lee a joué dans ses propres films et en a même produit certains.

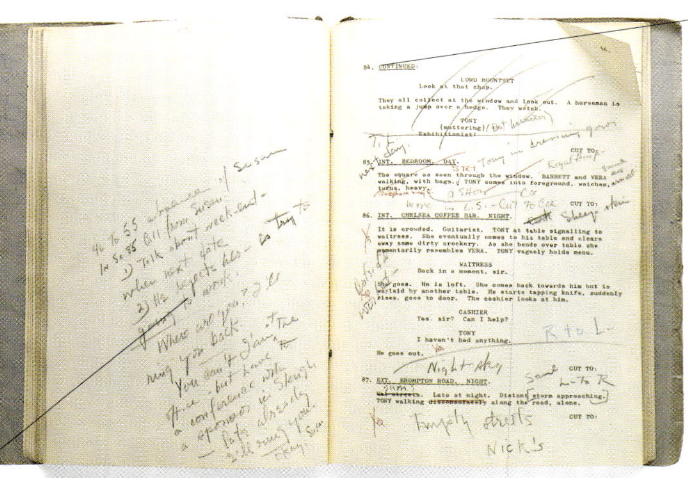

Chaque numéro représente une scène.

Scénario d'Harold Pinter pour *The Servant* (1963), de Joseph Losey

Au cours du tournage, le réalisateur ou le scénariste sont parfois amenés à modifier le scénario d'origine.

LE SCÉNARIO
A partir d'une idée ou d'un livre, le scénariste écrit un premier scénario, qui fait souvent l'objet de multiples révisions ultérieures.

MINE D'OR À HOLLYWOOD
Tout film, même à petit budget, implique des dépenses énormes. Une grande partie du budget est consacrée aux salaires. Les vedettes touchent de gros cachets, mais un tournage fait aussi appel aux services de nombreux spécialistes. Ainsi, la réalisation d'une simple séquence de studio avec deux acteurs peut nécessiter jusqu'à 50 techniciens et assistants (pp. 30-31), sans compter les autres professionnels, comme le personnel de restauration par exemple.

Le scénarimage permet au réalisateur de visualiser chaque plan d'une séquence ou d'une scène.

Ce chèque remis à Gloria Swanson représentait une somme énorme en 1921, époque où les ouvriers américains gagnaient environ 50 cents de l'heure.

LA DISTRIBUTION DES RÔLES, OU « CASTING »
C'est l'opération qui consiste à attribuer les rôles à des acteurs déterminés. Les vedettes sont si importantes dans le succès d'un film que le scénario est parfois spécialement écrit pour elles. Le fait d'engager l'actrice Whoopi Goldberg pour tenir le rôle principal de *la Couleur pourpre* (1986), de Steven Spielberg, a contribué au succès de ce film.

Whoopi Goldberg

CONTRAT ÉCRIT
Des avocats spécialisés rédigent des contrats qui précisent les tâches de chacun et leur coût. Les contrats peuvent régir tous les aspects du comportement d'une vedette. Par exemple, ceux du célèbre acteur du muet John Gilbert lui interdisaient tout comportement contraire aux bonnes mœurs.

LE SCÉNARIMAGE, OU « STORY-BOARD »
Sa création constitue une étape importante de la planification d'un film. Dans cette sorte de bande dessinée, chaque plan est représenté sous la forme d'une petite image, sous laquelle figurent la description de l'action ainsi que, dans la plupart des cas, une partie des dialogues. Certains scénarimages, comme celui du *Magicien d'Oz* de Victor Fleming (1939), sont extrêmement détaillés, mais d'autres sont beaucoup plus sommaires, souvent de simples croquis au trait que l'on peut facilement photocopier et distribuer aux personnes concernées. On utilise pour un seul film un très grand nombre de scénarimages, presque 1 000 dans certains cas.

RECONSTITUTION EN STUDIO
La construction d'un plateau peut coûter extrêmement cher, mais il est parfois plus économique de reconstituer un site dans un studio que d'aller sur place. La construction d'un plateau devient indispensable lorsqu'une partie du film se déroule dans un lieu où la prise de vues en extérieurs est difficile, voire impossible.

Les scénarimages sont généralement soignés, et parfois mis en couleurs, comme ici à l'aquarelle.

Les scènes sont annotées.

LE MONTAGE
Une fois la prise de vues terminée, il reste encore beaucoup à accomplir avant de pouvoir projeter le film. Ce travail, dont fait partie le montage (pp. 48-49), s'appelle la postproduction.

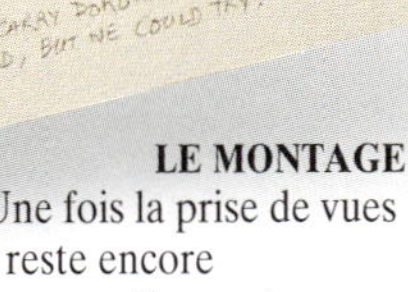

Colleuse pour le montage du film

LA PROMOTION
La promotion et la publicité d'un film peuvent coûter plus cher que sa réalisation. Les affiches, comme celle de cette œuvre indienne, contribuent largement à donner au film une identité auprès du public (pp. 62-63).

SILENCE, ON TOURNE...

... Moteur... Action ! À ces ordres du réalisateur, ou metteur en scène, le brouhaha des conversations cède la place au silence. De puissants projecteurs illuminent le plateau. La concentration est totale... et la caméra tourne. Tous les regards sont dirigés sur les acteurs qui jouent la scène, peut-être pour la dixième fois de la journée. Lorsque le réalisateur crie : « Coupez ! », les caméras s'arrêtent et chacun des participants attend de savoir si la prise de vues est bonne. Si ce n'est pas le cas, il faut recommencer jusqu'à ce que le réalisateur soit satisfait. La scripte reprend alors ses notes et les techniciens s'affairent : l'électricien règle les projecteurs, le machiniste déplace la caméra, l'accessoiriste vérifie le plateau, les maquilleurs retouchent les visages des acteurs, les habilleurs ajustent les costumes et l'ingénieur du son contrôle les niveaux de son. Puis, une fois toute l'équipe et les acteurs de nouveau en place, le tournage reprend.

UNE VILLE STUDIO
Si certaines compagnies possèdent leur propre studio, la plupart d'entre elles en louent un pour la durée de la production. Les complexes offrent tous les services nécessaires, y compris les laboratoires, les salles de projection et de montage, et même les écuries et les zoos pour les vedettes animales. Le plus grand de ces complexes, les Studios Universal à Orlando, en Floride (ci-dessus), possède son propre service de police et ses pompiers.

Des sièges sont installés au sommet de la grue pour le cadreur et son assistant.

Une grue soulève la caméra au-dessus de la tête des acteurs.

Lourdes masses pour contrebalancer le poids de la structure

Projecteur réglable

Chaîne de retenue

Des déflecteurs règlent la forme du faisceau.

Trépied permettant de positionner le projecteur

Grâce à ses pneus, la grue se déplace silencieusement dans le studio.

Le chariot peut se déplacer dans toutes les directions.

COMPOSITION D'UNE ÉQUIPE DE TOURNAGE

En plus du producteur et du réalisateur, la réalisation d'un film nécessite la participation de nombreux techniciens.

Architecte de plateau : conçoit le plateau à partir de dessins et de maquettes.
Assistant du son : met en place et fait fonctionner les microphones.
Chef électricien : responsable du bon fonctionnement des projecteurs.
Chef opérateur du son : responsable de la technique et de la qualité artistique du son.
Décorateur : trouve les accessoires et réalise les décors sur le plateau.
Deuxième assistant cadreur : charge les magasins, procède au développement des bouts d'essai.
Directeur de la photographie : responsable de l'éclairage, des décors, du cadrage, des objectifs et de la composition des images. Il surveille le développement et le tirage.
Directeur de production : assume la direction générale du travail.
Habilleur : responsable des costumes, il aide les artistes à s'habiller.
Machiniste : déplace le matériel.
Opérateur adjoint ou cadreur : responsable du cadrage de l'image.
Photographe de plateau : prend les photographies du tournage.
Premier assistant cadreur : entretient la caméra, change les objectifs et les magasins, s'occupe de la mise au point.
Premier assistant réalisateur : contrôle le fonctionnement du plateau au jour le jour.
Responsable de la distribution : recherche et engage les acteurs.
Scripte : veille à la continuité du film : elle vérifie que le maquillage et les costumes ne changent pas entre les prises de vues.

SUR LE PLATEAU

Il est parfois plus simple de tourner des «scènes extérieures» en studio que de tourner en extérieurs. Les studios Pinewood, en Grande-Bretagne, possèdent la plus grande scène du monde (102 m de long), et les plateaux qui y ont été construits comprennent un panorama marin complet avec un pétrolier et trois sous-marins de taille réelle.

Tous les plateaux ne sont pas construits spécialement pour une production : les films à petit budget réutilisent parfois des plateaux ayant déjà servi. Les westerns hollywoodiens, par exemple, montraient inévitablement une petite ville du Far West et souvent une scène dans un saloon et dans le bureau du shérif. A l'apogée d'Hollywood, les grandes compagnies pouvaient tourner 30 à 50 films par an, dont de nombreux westerns : il était donc inutile de reconstruire entièrement certains décors.

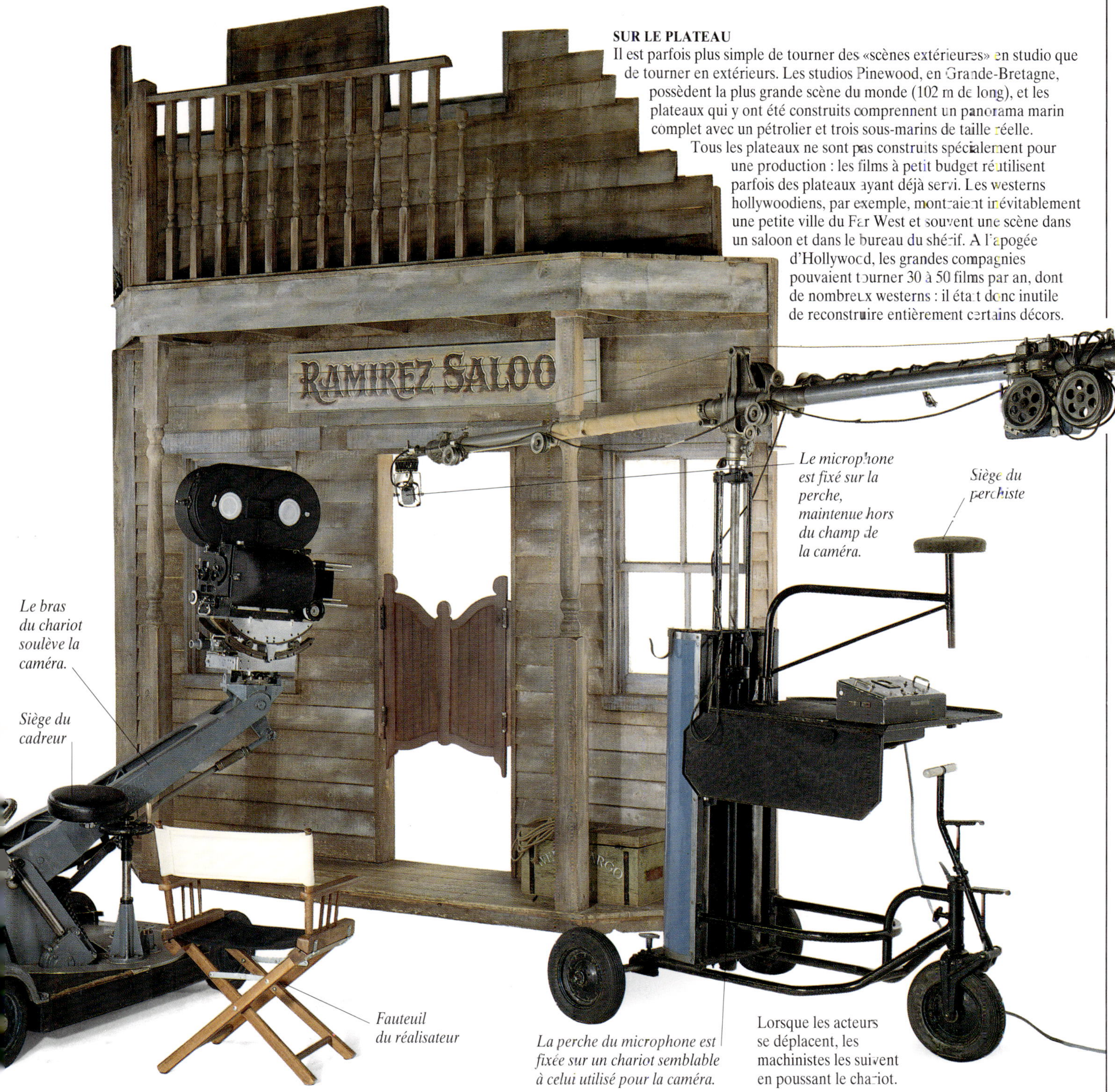

Le microphone est fixé sur la perche, maintenue hors du champ de la caméra.

Siège du perchiste

Le bras du chariot soulève la caméra.

Siège du cadreur

Fauteuil du réalisateur

La perche du microphone est fixée sur un chariot semblable à celui utilisé pour la caméra.

Lorsque les acteurs se déplacent, les machinistes les suivent en poussant le chariot.

LES STUDIOS PRENNENT L'AIR

Lorsque la construction d'un plateau est trop coûteuse ou irréalisable, les cinéastes peuvent choisir alors de tourner dans des décors naturels. Certains films y sont entièrement réalisés; d'autres ne contiennent que quelques courtes séquences en extérieurs, qui servent à planter le décor des scènes de studio. Par exemple, dans le cas d'un personnage qui marche dans la rue puis entre dans le hall d'un hôtel, l'équipe peut filmer en extérieurs les plans situés en dehors de l'hôtel, puis réaliser les séquences d'intérieur en studio. D'autre part, le tournage en extérieurs ne s'effectue pas toujours sur le lieu où est censée se dérouler l'action. Ainsi, les quartiers chinois de nombreuses grandes villes américaines ou européennes servent fréquemment de décors pour des films dont l'histoire se situe en Chine.

Le directeur artistique s'aide de cartes et de photographies pour trouver des lieux de tournage adaptés.

Pendant le tournage de *Goodbye Mr. Chips* (1969), d'Herbert Ross

VUE PLONGEANTE
En extérieurs, le mouvement de la caméra n'est pas limité par un plafond ou par des murs. Installée sur une grue, la caméra peut d'abord filmer en gros plan le visage d'un personnage, puis élargir le champ pour tourner un plan général, comme dans cette scène.

UN STUDIO EN PLEIN AIR
L'un des objectifs du tournage en extérieurs est d'accroître le réalisme du film. Cependant, la réalité n'est pas toujours conforme aux attentes du spectateur, ou du réalisateur. Pour que le lieu de tournage corresponde au scénario, les cinéastes ajoutent des accessoires et renforcent souvent la lumière naturelle avec des projecteurs électriques. Dans cette séquence en extérieurs de *la Route des Indes* (1984), de David Lean, de puissants projecteurs à arc sur pied (à droite de la photo) fournissent la «lumière du soleil». Un autre projecteur placé à côté de la caméra est recouvert d'un écran diffuseur qui atténue ses rayons. Il éclaire les zones d'ombre afin qu'elles n'apparaissent pas trop sombres à l'écran. Un projecteur supplémentaire, à peine visible (sur la gauche de l'image), joue le même rôle. L'écran noir opaque placé devant fait de l'ombre à certaines parties de la scène pour qu'elles n'accrochent pas la lumière.

SÉQUENCES SOUS-MARINES
Elles sont filmées grâce à une cuve transparente remplie d'eau. Mais pour tourner des images crédibles, rien ne remplace l'océan. Pour *Vingt mille lieues sous les mers* (1954), il fallut mettre au point un équipement étanche.

DE RECHANGE
Lors des tournages en extérieurs, les costumes sont souvent malmenés et il faut réparer les accrocs sur place. Il serait pourtant difficile de réparer des costumes aussi élaborés que ce vêtement de César porté par Rex Harrison dans *Cléopâtre* (1963), de Joseph L. Mankiewicz; aussi, les habilleurs emportent plusieurs costumes identiques.

LA PAUSE
La préparation des prises de vues prend généralement plus de temps que le tournage lui-même, et, entre les séances de travail, les acteurs ont de longues périodes d'inactivité. En médaillon, Harrison Ford se repose au cours du tournage des *Aventuriers de l'Arche perdue* (1981), de Steven Spielberg.

INDISPENSABLE CONTINUITÉ
Les prises de vues en extérieurs filmées à des moments et dans des lieux différents doivent parfaitement se recouper à l'écran. La vérification de ce recoupement s'appelle la continuité. Pour éviter que sur deux plans filmés à plusieurs semaines d'intervalle, un acteur apparaisse bronzé sur le premier et pâle sur le second, il faut maquiller l'acteur de façon à atténuer son bronzage dans l'un des plans et à le raviver dans le suivant. La scripte prend des notes détaillées pour s'assurer qu'aucun détail du costume ou du maquillage n'a été modifié. On voit ici (assise sur la gauche) celle du film *le Quatrième Protocole* (1987), de John Mackenzie, lisant ses notes à la maquilleuse.

LES EXTÉRIEURS D'HOLLYWOOD
Aujourd'hui, «en extérieurs» s'applique à presque toutes les séquences tournées en plein air, mais, au début d'Hollywood, on tournait la grande majorité des scènes en décors naturels. Lorsque Charles Ray réalisait ses films dans les années 1920, la région d'Hollywood était encore très rurale, si bien qu'il n'avait pas à se déplacer très loin pour trouver une cour de ferme comme celle qui figure ci-dessus.

PROMENADE EN TÊTE À TÊTE...
Il est très difficile de tourner en studio une scène de bord de mer. Malgré leur isolement apparent, les acteurs de *la Vallée des Poupées* (1967), de Mark Robson, sont loin d'être seuls : sur cette photo, quatre personnes au moins tirent le chariot sur lequel se trouvent la caméra, les projecteurs et les opérateurs, et le perchiste marche à leurs côtés. Les traces de pneus et de pas sur le sable se trouvent hors du champ de la caméra.

HUE !
Lorsqu'un acteur conduit un attelage, comme dans ce plan de *My Brilliant Career*, la caméra se déplace à ses côtés dans un autre véhicule. Si les chevaux n'apparaissent pas dans le plan, la voiture tire directement l'attelage; le bruit des sabots sera bruité au montage.

ON MAQUILLE BIEN LA RÉALITÉ

La mallette du maquilleur renferme de merveilleux songes de jeunesse et de beauté, de mauvais rêves de vieillissement et d'enlaidissement, et même de terribles cauchemars de transformation en loup-garou ou en démon. Pour réaliser ces métamorphoses, le maquilleur utilise du latex, des perruques, de la poudre et des fards. Ainsi, le maquillage permettra à l'actrice d'âge mûr de jouer une jeune femme ou vieillira un acteur de 50 ans en quelques séquences. Lorsque le scénario met en scène un personnage historique célèbre, c'est au maquilleur qu'incombe la tâche de transformer l'acteur pour le rendre ressemblant et crédible. L'application du maquillage de cinéma demande une grande habileté : il faut en effet donner au public l'impression que le visage et les cheveux des acteurs sont entièrement naturels, tâche facile lorsque la caméra prend un plan général mais compliquée pour un gros plan.

Ce fond de teint spécial est très résistant à la transpiration.

Fond de teint crème

Le fond de teint est appliqué sur le visage pour unifier la couleur de la peau.

VISAGE DE PLÂTRE
Le moulage en plâtre du visage de l'acteur sert de modèle pour réaliser des modifications ultérieures.

Fard à joue crème et compact

La poudre transparente empêche le visage de briller et fixe le maquillage.

QUE LE TEMPS PASSE VITE !
Pour vieillir une jeune femme, le maquilleur utilise une perruque grise, creuse les orbites des yeux et marque les joues et le menton en y appliquant des fonds de teint plus ou moins foncés. Les rides sont ajoutées avec un pinceau fin.

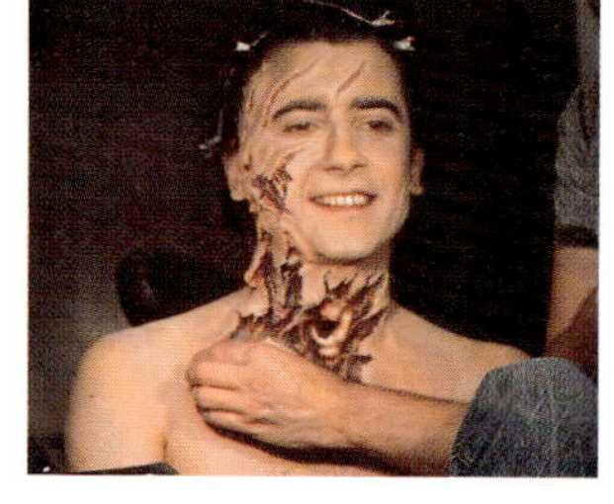

DU SANG !
Le maquilleur peut créer de fausses blessures en utilisant du latex, des fards et du sang de cheval. Pour réaliser des effets spéciaux, comme dans cette scène du *Loup-garou de Londres* (1981), on se sert de mousse de caoutchouc moulée pour simuler l'intérieur du corps.

L'eye-liner liquide souligne l'œil.

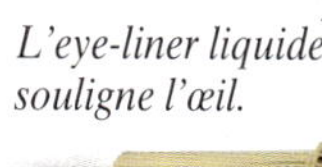

Rouge à lèvres

Pinceaux pour appliquer les fards et maquiller le visage

On utilise divers fonds de teint pour colorer, ombrer ou éclaircir les parties du visage.

Le Dermacolor dissimule les cicatrices.

Fond de teint servant à effectuer les raccords entre un faux crâne et celui de l'acteur

Faux ongles

Faux cils

DES BOUCLES
La coiffure de Carrie Fisher pour le rôle de la princesse Organa de *la Guerre des Etoiles* (1977) lui permettait de rester bien coiffée en toute circonstance.

Un tramway nommé désir

Désirée

Viva Zapata!

La Petite Maison de thé

L'HOMME AUX MULTIPLES VISAGES
Selon ses rôles, Marlon Brando modifiait souvent son apparence. Parfois, un léger maquillage suffisait, alors que, dans *la Petite Maison de thé*, il portait une perruque et des pièces de mousse autour des yeux.

UN VISAGE TERRIFIANT
Alex, le chef des voyous de *Orange mécanique* (1971) de Stanley Kubrick, est maquillé de manière spectaculaire. Son visage peint terrorise ses victimes.

Fard à joues

Fond de teint crème

Eponge pour appliquer le maquillage

Brosse à cils

Nez en latex

Eponge pour vieillir les acteurs. En la trempant dans le maquillage, sa structure aérée permet de simuler la couperose.

Fausses moustaches

Moustaches, barbes et perruques sont souvent fabriquées à partir de cheveux d'Asiatiques.

Epingles à cheveux

Perruque grise

La colle gomme, obtenue par dissolution de résine naturelle dans de l'alcool, fixe les poils sur le visage.

Fausse barbe

Une bande de plastique appliquée sur les paupières suffit généralement à donner aux acteurs occidentaux le type oriental.

Le latex liquide permet de créer des cicatrices, des rides et des hématomes

COIFFURE ET POSTICHES
Pour jouer des personnages aux cheveux longs, les acteurs utilisent perruques ou postiches.

LES COSTUMES SE SOIGNENT

Si une combinaison d'astronaute est très différente d'une robe du XVIIIe siècle, les deux costumes ont la même fonction : faire oublier au public qu'il voit un acteur et l'aider à croire qu'il assiste à une scène réelle du passé, du présent ou de l'avenir. Dans les premiers films muets, les acteurs portaient leurs propres vêtements ou les louaient dans des théâtres. Vers 1920, les studios commencèrent à avoir leur service de costumes, car les vêtements de ville n'étaient pas adaptés à la technologie du cinéma. Les premiers films ne restituant pas bien la réalité, il fallait choisir des couleurs spéciales. Au début du parlant, comme les microphones amplifiaient le bruissement de certains tissus, on utilisa des tissus en mailles souples. De nos jours, les gros plans révélant le moindre défaut, les costumes sont très étudiés : ceux de premier plan sont des répliques exactes et sont surfilés, alors que ceux de deuxième plan sont moins finis et moins coûteux.

Portrait d'époque qui a servi de modèle pour réaliser le costume de la reine Elisabeth 1re d'Angleterre.

LES PIEDS SONT ROIS
Certaines sociétés de location de costumes possèdent un stock de plus de 15 000 paires de chaussures, de la sandale romaine aux chaussures de sport, et suffisamment de bottes pour chausser une armée de 10 000 soldats.

TOILETTE DE REINE
A l'apogée d'Hollywood, on accordait moins d'importance aux détails des costumes que de nos jours. Le costume de Glenda Jackson dans *Marie Stuart, reine d'Ecosse* (1971) était conforme aux atours royaux.

UNE JOURNÉE AUX COURSES
Le dessinateur et photographe britannique Cecil Beaton (1904-1980) créa des costumes d'époque somptueux pour *My Fair Lady*, réalisé par George Cukor en 1964, qui lui valut un Oscar. Audrey Hepburn portait cette ravissante petite toilette de dentelle dans la scène où l'héroïne, Eliza Doolittle, se rend sur un champ de courses.

Beaton remit en vogue les styles de broderie et travaux d'aiguilles de l'époque où G. B. Shaw écrivit *Pygmalion*, dont s'inspire le film.

COUVRE-CHEFS
Faisant partie du costume, les chapeaux doivent être aussi fidèles que possible. Ce n'est que depuis la Seconde Guerre mondiale que l'on a cessé de porter des chapeaux en toute occasion.

Marilyn Monroe, dans la célèbre scène du ukulélé de *Certains l'aiment chaud*

«CERTAINS L'AIMENT CHAUD»
La blonde idole de l'écran Marilyn Monroe jouait la sensuelle Sugar Kane dans *Certains l'aiment chaud* de Billy Wilder (1959). Le costumier australien Orry Kelly lui fit des habits aussi moulants que possible.

FAITS SUR MESURE
Les costumes des vedettes qui jouent dans des films nouveaux sont spécialement créés pour l'occasion, comme ce fut le cas pour Kenneth Branagh pour son rôle dans *Henry V* (1990). Les acteurs secondaires sont souvent vêtus de costumes, retouchés si nécessaire, provenant du stock des sociétés de location.

Croquis du *Henry V* de Branagh

Vivien Leigh, dans le rôle de Scarlett O'Hara en costume de deuil

«AUTANT EN EMPORTE LE VENT»
Dans ce célèbre film de 1939, la vedette Vivien Leigh porta de nombreuses versions de la même robe de calicot. Pour les scènes de l'incendie de la ville d'Atlanta, elle se changea 27 fois.

PIQÛRE À LA MAIN
Les tailleurs et les couturières doivent souvent coudre à la main les costumes historiques, car des piqûres à la machine sembleraient trop nettes à l'écran.

LES DÉCORS ONT LEUR BON CÔTÉ

Les cinéastes recréent en studio des océans en furie et des sommets enneigés ; ils reconstituent la surface de la Lune ou transportent les acteurs dans le passé jusqu'aux anciennes cités bibliques. Ces illusions sont possibles grâce à la magie des décors de studio et aux accessoires qui fournissent des détails vraisemblables. Les décors, des plus simples aux plus élaborés, se limitent aux éléments strictement nécessaires pour rendre l'ambiance recherchée. Si le script prévoit le gros plan d'un acteur dans la chaleur moite d'un été indien, on se contentera, comme ci-contre, de construire un coin de la pièce. Les détails qui doivent être flous à l'écran sont simplement suggérés par une toile de fond peinte ou par des ombres découpées, et l'on supprime entièrement les parties du décor invisibles du public. Les scènes interprétées par de nombreux acteurs et figurants réclament souvent des décors immenses qui sont alors construits en partie à l'extérieur.

PORTEUR DE FLAMBEAU
De gigantesques décors furent construits pour le tournage des premiers films épiques. Le monde antique influençait considérablement les décorateurs.

ACCESSOIRES ET DÉCORS GÉANTS
L'homme qui rétrécit, de Jack Arnold (1957), fut filmé avec des décors et des accessoires dont la taille changeait selon les séquences : ainsi, à l'écran, le film donne l'illusion que les acteurs rapetissent. En général, les petits accessoires sont placés en arrière-plan : ils paraissent beaucoup plus éloignés qu'ils ne le sont en réalité, pour donner alors de la profondeur au décor.

ÉLÉPHANTESQUE
L'immense décor de *Intolérance*, tourné en 1916, en fit le film le plus coûteux de l'époque. Son réalisateur, D. W. Griffith, recréa Babylone sur le Sunset Boulevard, sous le soleil d'Hollywood, et remplit la ville avec ses 60 000 acteurs. Le décor de 27 m de haut fut conservé deux ans après la fin du tournage puis finalement détruit, car sa structure de bois constituait un danger d'incendie.

FOULE NEW-YORKAISE
Avant que les charpentiers et les peintres interviennent, les décorateurs réalisent des plans et des dessins très élaborés, afin de donner une idée exacte du futur plateau. Le décorateur américain John de Cuir dessina cette vue riche en détails de New York à la fin du XIXe siècle pour le film *Hello Dolly* (1969), de Gene Kelly, qui remporta un Oscar pour sa direction artistique et la décoration du plateau.

ROME ESPAGNOLE
Le plus grand décor de cinéma jamais construit reproduisait un quartier de la Rome antique sur un site proche de Madrid, en Espagne, pour l'épopée de *la Chute de l'Empire romain*, réalisé par Anthony Mann en 1964. Pour cet immense plateau de 400 m sur 230 m, il fallut construire 27 bâtiments grandeur nature, dont certains s'élevaient jusqu'à près de 80 m de hauteur. Onze cents personnes durent travailler pendant sept mois, érigeant 350 statues et plus de 600 colonnes de béton. Malgré ce décor grandiose, le film fut un échec et son producteur Samuel Bronston perdit des millions.

Pour les prises de vues qui nécessitaient un décor encore plus grand, les maquettistes créèrent une réplique à échelle réduite.

DÉCORS AUTHENTIQUES
Lors de la réalisation d'un long métrage, en particulier lors de reconstitutions, le chef décorateur travaille avec le costumier pour s'assurer que décors et costumes appartiennent bien à la bonne époque. Ensuite, le chef accessoiriste est chargé de mettre en place les éléments requis. Les accessoires peuvent être spécialement fabriqués, mais, le plus souvent, l'accessoiriste loue ou achète des articles authentiques, voire même de véritables antiquités pour un film historique.

PARFAITE IMITATION
La seule partie vraiment importante d'un décor est celle qui se trouve dans le champ de la caméra, et les bâtiments ne sont souvent qu'une frêle construction de toile peinte simulant des briques ou de la pierre. Derrière les murs délabrés de cette scène de rue très réaliste, se profilent les bâtiments modernes du studio de tournage.

SI CE N'EST LUI, C'EST DONC SON CASCADEUR

Chutes de cheval, combats à l'épée, torches vivantes, accidents de voiture : toutes ces séquences spectaculaires sont des cascades qui font frémir d'angoisse lors de leurs projections. Si leur réalisation implique le plus souvent des risques réels, elles doivent néanmoins être aussi peu dangereuses que possible. Cependant, les cascades demeurent toujours trop risquées pour les acteurs principaux qui sont alors remplacés par des professionnels, les cascadeurs. Vêtus et maquillés comme les vedettes qu'ils doublent, ceux-ci sont filmés à une certaine distance afin que l'on ne reconnaisse pas leurs visages. Pour parfaire l'illusion, des gros plans de la vedette sont insérés avec les scènes de cascade lors du montage.

QUELLE CHUTE !
Des tapis de mousse amortissent les chutes – parfois de plus de 20 m de haut – et des vêtements rembourrés protègent les cascadeurs.

DANS LE FEU
Très périlleuses, les séquences d'incendie sont tournées en courtes prises de quelques secondes. L'équipe asperge ensuite les vêtements enflammés du cascadeur avec des extincteurs.

Epaulette

Protection rembourrée portant des traces de sang factice

Genouillère et protège-tibia

Les hanches sont protégées lors des chutes d'escaliers.

Outre des équipements spéciaux, les cascadeurs portent aussi d'autres tenues, comme celle de joueur de hockey sur glace.

Coussinet de protection des vertèbres lombaires

Pour les scènes de pendaison, le cascadeur porte un harnais qui protège son cou et lui donne un soubresaut très réaliste.

Une combinaison de Kevlar constitue une protection supplémentaire pour le corps exposé aux flammes.

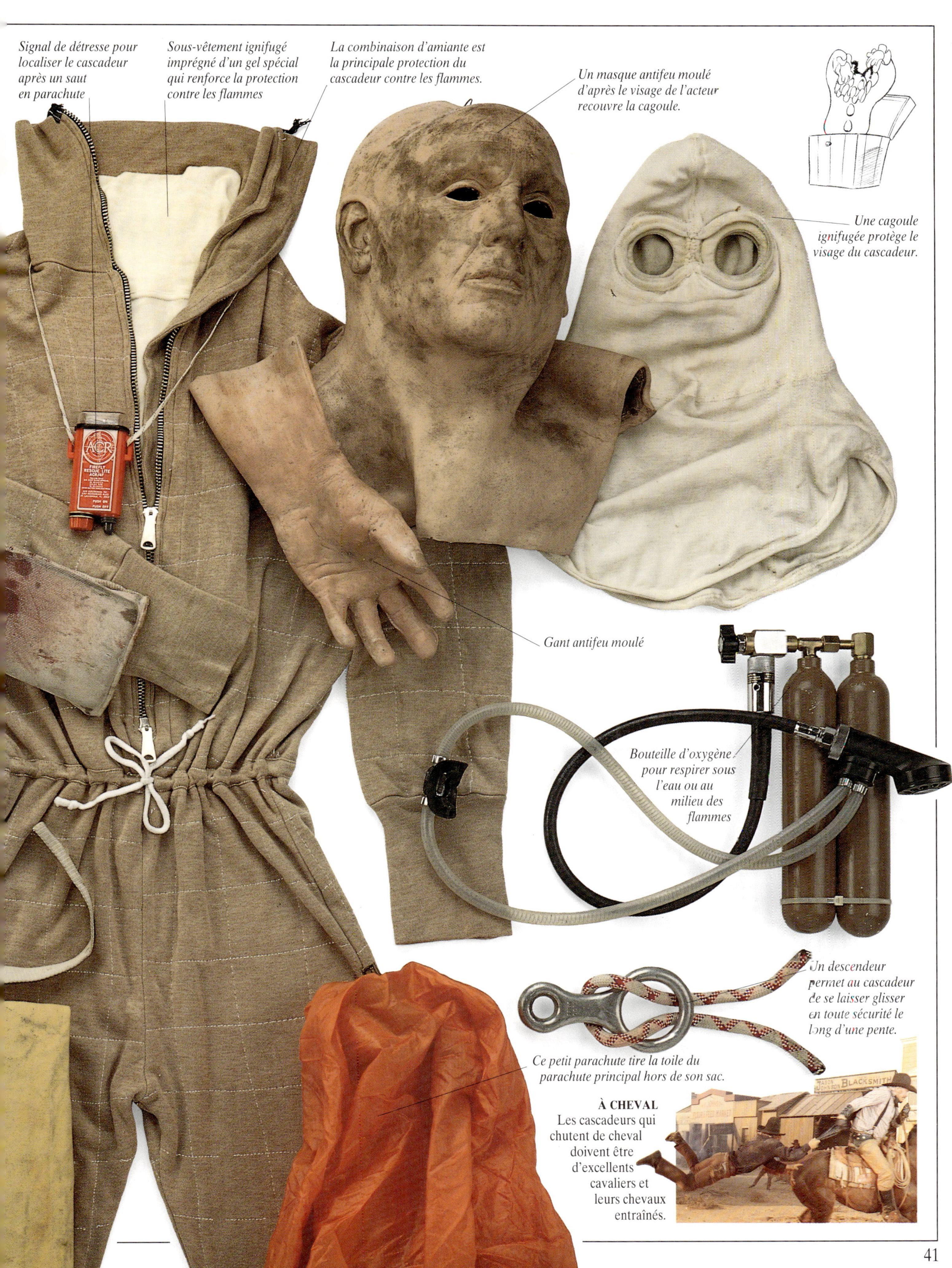

Signal de détresse pour localiser le cascadeur après un saut en parachute

Sous-vêtement ignifugé imprégné d'un gel spécial qui renforce la protection contre les flammes

La combinaison d'amiante est la principale protection du cascadeur contre les flammes.

Un masque antifeu moulé d'après le visage de l'acteur recouvre la cagoule.

Une cagoule ignifugée protège le visage du cascadeur.

Gant antifeu moulé

Bouteille d'oxygène pour respirer sous l'eau ou au milieu des flammes

Un descendeur permet au cascadeur de se laisser glisser en toute sécurité le long d'une pente.

Ce petit parachute tire la toile du parachute principal hors de son sac.

À CHEVAL
Les cascadeurs qui chutent de cheval doivent être d'excellents cavaliers et leurs chevaux entraînés.

LES EFFETS SONT VRAIMENT SPÉCIAUX

Un plancher s'effondre, laissant le héros suspendu au-dessus du vide ; des immeubles explosent avec fracas ; des balles traversent en sifflant une voiture qui accélère. Toutes ces séquences haletantes font appel aux effets spéciaux. Les cinéastes utilisent ces techniques de truquage pour tourner des scènes lorsque l'habileté du maquilleur, du costumier et des cascadeurs ne suffit pas à rendre la scène convaincante. Dès les tout premiers films, les pionniers du cinéma ont recouru aux truquages. De cette époque sont nés les effets simples, qui ont toujours cours aujourd'hui. Ainsi, on simule un ouragan avec des jets d'eau et des ventilateurs, des flammes et des bombes grâce à la pyrotechnie – technique des feux d'artifice –, et des décors surprenants en les peignant sur du verre. Quant aux effets spéciaux les plus modernes, ils créent l'impossible grâce à l'animation par ordinateur. Les maquettes ainsi animées (pp. 44-45) sont d'un réalisme confondant et aucun spectateur ne devine qu'il ne s'agit pas de véritables acteurs.

RENCONTRES DU TROISIÈME TYPE
Les effets spéciaux enrichissent considérablement l'impact visuel d'un film, jusqu'à en devenir une sorte de signature pour certains réalisateurs. Les effets surprenants du film de Steven Spielberg, *Rencontres du troisième type* (1977), lui ont assuré un énorme succès, et ce malgré la faiblesse de l'intrigue.

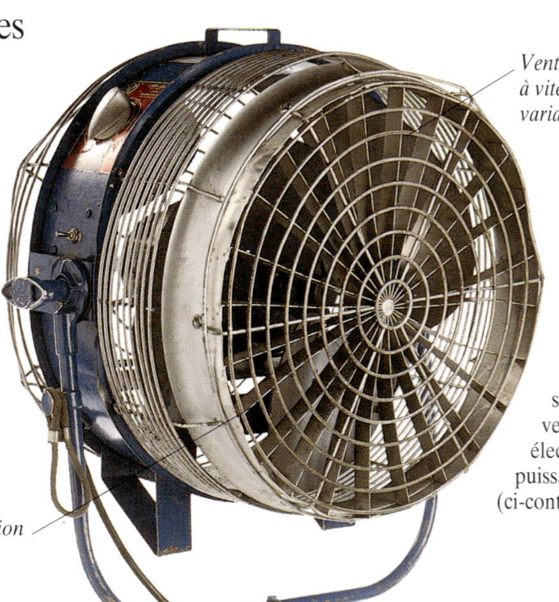

Ventilateur à vitesse variable

LE VENT SE LÈVE
Pour faire souffler une brise ou simuler de violentes bourrasques sur un plateau, les techniciens se servent de ventilateurs électriques de puissance variable (ci-contre).

Grille de protection

BULLETIN MÉTÉO
Le temps fait partie de l'intrigue dans de nombreux films, et peut même en être la vedette. Des jets d'eau et des ventilateurs simulent la pluie et le vent, du sel imite la neige sur le sol ou les costumes. Pour les chutes de neige, on utilise des copeaux de plastique, des plumes coupées, du gypse et même des pétales de maïs blanchis non grillés.

Les vents forts en extérieurs sont créés par de puissants ventilateurs alimentés par des moteurs d'avions.

SOUS LA PLUIE
Gene Kelly (né en 1912) n'aurait pu raisonnablement entonner l'air principal de *Chantons sous la pluie* (1952) sans la moindre goutte d'eau. Le service des effets spéciaux fut donc chargé de provoquer les averses. Pour les tournages en extérieurs, il faut parfois se procurer auprès des pompiers municipaux les pompes et tuyaux nécessaires. En studio, on utilise une machine à pluie – un jet d'eau monté sur un trépied – pour arroser de petites surfaces et plusieurs jets pour les grands plateaux.

Trépied assurant la stabilité

UNE PLUIE DE BALLES
Pour simuler de véritables blessures par balle lors de la scène de fusillade du *Parrain* (1971), de Francis Ford Coppola, où l'acteur James Caan perd la vie, il fallut placer dans ses vêtements des petites charges déclenchées électriquement par un technicien. Le fusil à air comprimé (ci-dessous) créa des impacts de balles sur la carrosserie de la voiture et sur les bâtiments situés derrière.

Crosse

Des manomètres indiquent la pression d'air.

Viseur

Détente

Un tuyau amène l'air depuis un compresseur ou une bouteille.

SUPERMAN
Pour créer l'illusion du vol, l'acteur pose devant un écran bleu brillant alors qu'un ventilateur agite ses cheveux et ses vêtements. Grâce à une tireuse optique (p. 45), on remplace ensuite le fond par des séquences filmées depuis l'arrière d'un avion volant à basse altitude.

BALLES DE GÉLATINE
Tous les fusils sont dangereux, même les jouets à air comprimé. Les spécialistes des effets spéciaux ont donc mis au point des techniques originales simulant en toute sécurité le tir d'une arme à feu. Ainsi, une mitraillette à air comprimé tire des pastilles de gélatine remplies de sang d'animal qui, en éclatant sur la peau, imitent parfaitement une blessure par balle.

DE LA FUMÉE SANS FEU ?

Les effets spéciaux permettent d'obtenir de la fumée sans feu mais aussi des flammes sans fumée : le plateau est équipé de petites rampes de gaz qui produisent de vraies flammes, que l'on peut facilement contrôler. Les charges explosives puissantes produisent d'énormes boules de feu alors que les petites charges explosives sans fumée créent en explosant des blessures par balles réalistes.

PRODUCTION DE FUMÉE
Pour créer de la fumée ou de la brume en studio, on utilise de l'huile minérale, chauffée puis vaporisée.

BIG BANG
Les effets spéciaux doivent généralement être réussis dès la première prise, car le décor est entièrement détruit, comme dans ce plan de *La Fièvre au corps* (1981).

Le bouchon indique la couleur de la fumée contenue dans la bouteille.

FEUX D'ARTIFICE
Toute charge explosive, même petite, représente un réel danger, et, lors des tournages, des artificiers, ou pyrotechniciens, sont chargés de les manipuler pour éviter tout accident. Ils déclenchent fusées, éclairs lumineux et explosions en faisant circuler un faible courant dans les fils électriques placés sur la charge.

SUSPENDU AU-DESSUS DU VIDE
En filmant séparément l'arrière-plan et l'action principale, ensuite assemblés au montage, on peut réaliser des séquences périlleuses sans risque pour l'acteur, telle cette scène de *Blade Runner* (1982).

ASTUCES DE DÉCORS

Afin de limiter les coûts de la production ou pour des raisons techniques, les spécialistes des effets spéciaux créent des fonds peints ou à projeter. Pour reproduire un décor de grande hauteur en studio, on prend en plan général la partie basse du décor, et l'on place devant la caméra la partie haute peinte sur une plaque de verre.

PROJECTION PAR TRANSPARENCE
En projetant des images de circulation ou de rue sur un fond blanc, on peut tourner en studio des scènes en voiture vraisemblables. Ici, le décor spécial semble disproportionné, mais la caméra corrigera cette distorsion.

LES MAQUETTES, DU FAUX PLUS VRAI QUE LE VRAI

Les marionnettes, les modèles réduits et les robots électroniques remplacent un acteur, un véhicule ou une créature fantastique lorsqu'il serait coûteux, dangereux ou impossible de créer ou de filmer une scène réelle. À l'écran, les maquettes de cinéma deviennent étonnamment crédibles et paraissent aussi réelles que les acteurs, alors qu'elles perdent de leur véracité sur le plateau. Les maquettistes ne travaillent en effet que sur les faces que filme la caméra, si bien que, souvent, les commandes et le dos des maquettes ne sont que sommairement dissimulés. Ces maquettes prennent de nombreuses formes. Les modèles réduits permettent de diminuer la taille d'un décor géant ; les marionnettes animées peuvent prendre la forme d'êtres étranges venus d'une autre planète. Certains modèles grandeur nature se situent entre la marionnette et le costume : l'acteur qui les porte les rend vivants (p.45).

« KING KONG »
Dans ce film de 1933, un singe géant terrorise New York. Il s'agissait en fait d'une maquette de 60 cm de haut avec une armature de métal articulée. Un crâne de gorille, de la mousse de caoutchouc et de la fourrure de lapin le rendaient crédible.

Le chien du téléfilm *Storyteller* de la 4ᵉ chaîne britannique

CHIEN BAVARD
Les chiens acteurs connaissent des trucs étonnants, mais aucun d'entre eux ne parle comme cette marionnette. Pour l'animer, le marionnettiste utilise un levier pour commander les moteurs qui contrôlent les yeux, le nez et la bouche du chien.

L'acteur John Hurt et le chien de *Storyteller*

Couché près de la cheminée, le chien pose au conteur des questions auxquelles pourrait répondre le public.

ADORABLE « E. T. »
Steven Spielberg se servit de plusieurs modèles réduits pour représenter l'extraterrestre à différents moments de ce film de 1982.

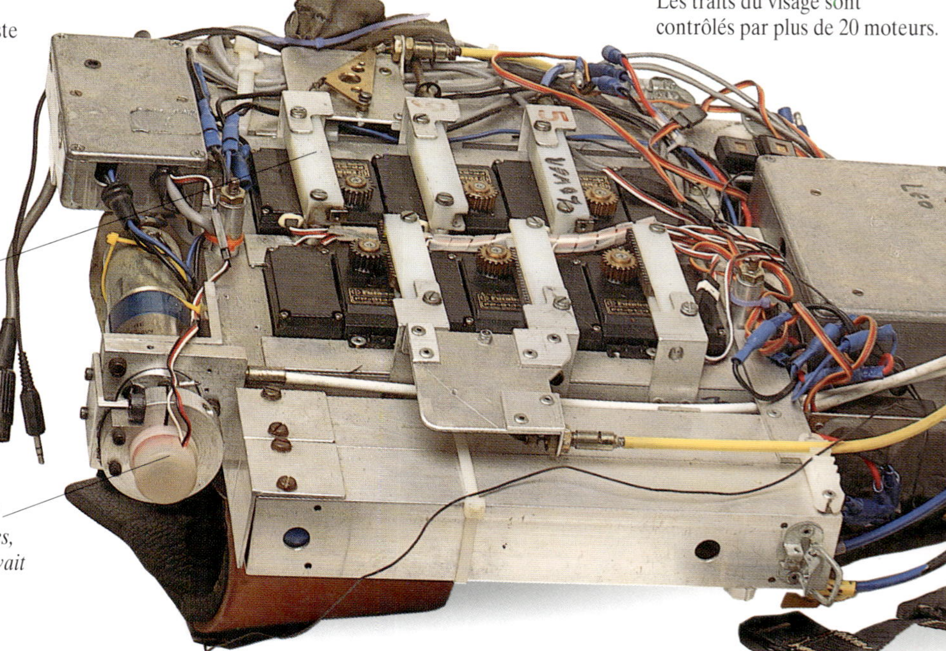

Les traits du visage sont contrôlés par plus de 20 moteurs.

La télécommande permet au marionnettiste de manipuler la poupée à distance, sans câbles encombrants.

Dans la première version des tortues, le moteur se trouvait dans la carapace.

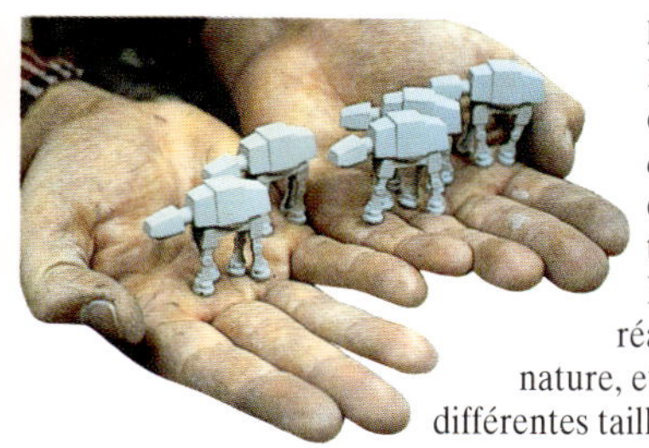

MINI-MAQUETTES
Dans l'une des scènes de bataille de *l'Empire contre-attaque* (1980), des créatures énormes transportent les troupes. Il était imposible de les réaliser en grandeur nature, et des répliques de différentes tailles furent créées. Ces petits modèles apparaissaient au loin, et de plus grands furent construits pour les gros plans. Ils étaient animés image par image et on déplaçait les maquettes entre chaque prise.

GRANDEUR NATURE
On ne peut évidemment pas utiliser de modèles réduits lorsque le scénario prévoit que les acteurs doivent se glisser à l'intérieur. Ce vaisseau spatial de la cité des nuages, dans *l'Empire contre-attaque*, est grandeur nature.

MOUVEMENTS CONTRÔLÉS
Pour filmer des poursuites saisissantes de réalité dans l'espace, commes celles de *la Guerre des Etoiles* (1977), on utilise la technique du contrôle des déplacements. Les maquettes d'engins spatiaux bougent à peine et c'est la caméra qui tourne autour d'eux grâce à des rails, sous contrôle informatique. Pour que les vaisseaux puissent s'éloigner ou se rapprocher, la caméra les prend séparément et l'on filme à part le fond étoilé. On réunit ensuite tous les plans en une seule séquence grâce à une tireuse optique.

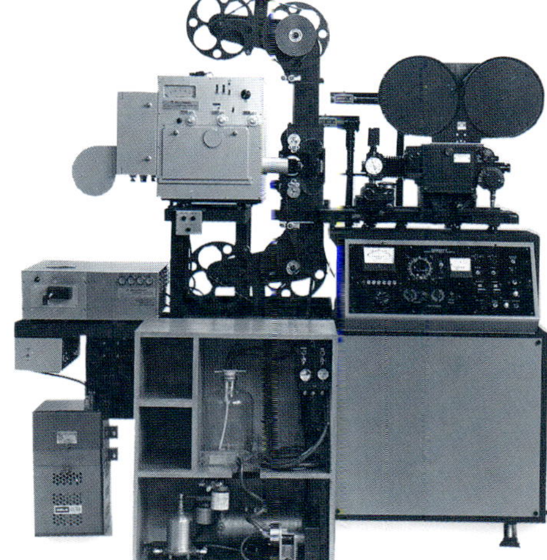

TIREUSE OPTIQUE
De nombreux effets spéciaux sont réalisés par surimpression de séquences filmées en des lieux et heures différents, grâce à une tireuse optique, ou Truca. Elle contient deux à quatre projecteurs et une caméra élaborée qui rephotographie les films contenus dans chaque projecteur, les combinant ainsi en une image unique.

ANIMATION ÉLECTRONIQUE

On peut animer les maquettes de créatures image par image, mais on les filme de plus en plus directement, manipulées par un acteur et un marionnettiste. L'acteur porte le costume de la créature, mais il ne contrôle pas ses expressions. C'est le marionnettiste qui anime la bouche et les autres traits grâce à des câbles ou par commande à distance.

Les yeux s'ouvrent et se ferment, et se déplacent à droite, à gauche, vers le haut et vers le bas.

Le mouvement des sourcils est indépendant.

La bouche est animée par de nombreux moteurs, de sorte que la tortue peut s'exprimer d'une manière très réaliste.

SALON D'ESSAYAGE
Dans les ateliers de l'Américain Henson, pionnier de l'animation électronique, cet acteur jouant une tortue essaie son costume. Les techniciens réalisent des moulages du corps des acteurs afin que les costumes leur aillent parfaitement.

Raphaël

Masque en mousse de caoutchouc très léger et très souple

La technologie informatique permet à un seul marionnettiste de contrôler toutes les fonctions, alors qu'il fallait auparavant jusqu'à six manipulateurs.

TORTUE NINJA
Chaque créature possède deux têtes : la première, manipulée par un marionnettiste, peut prendre de nombreuses expressions; la seconde, pour les cascades, a un visage immobile et sert aux plans généraux ainsi qu'à d'autres scènes où le mouvement des traits du visage n'est pas nécessaire.

A l'époque du muet et dans les petites salles, il fallait se contenter de l'accompagnement musical interprété par un pianiste.

BON SON NE SAURAIT MENTIR

La bande-son d'un film joue un rôle capital. Tous les éléments qui la composent, musique, dialogues, bruits, silences, leurs volumes et leurs tonalités, sont importants et doivent être assemblés avec soin lors du montage. Une grande partie du son, comme les effets sonores et la musique, est ajouté après la fin du tournage ; il serait évidemment difficile d'accueillir un orchestre sur le plateau en plus des acteurs et de l'équipe technique. La plupart des dialogues enregistrés en extérieurs doivent être doublés en auditorium, car l'enregistrement effectué au moment de la prise de vues comporte souvent des bruits de fond indésirables. De même, les bruits réels en son direct sont remplacés par divers bruitages pour rendre plus authentique l'atmosphère. La postsynchronisation permettra de réaliser ces opérations et le mixage de créer la bande sonore définitive.

UNE PREMIÈRE
Siegfried, de Fritz Lang, fut le premier film à bande-son synchronisée. Lorsqu'il fut projeté au Century Theatre de New York en 1925, sa bande-son comportait de la musique mais aucun dialogue.

THÈME À SUCCÈS
Les musiques de qualité contribuent au succès des films et leur survivent même parfois. Ainsi, l'air principal chanté par Bing Crosby (1901-1977) dans *Noël blanc* se joue toujours. Il contribua à faire du film le plus gros succès de l'année lors de sa sortie en 1954.

À L'UNISSON
Aujourd'hui, pour réaliser une bande-son, on peut enregistrer les musiciens séparément ou en petits groupes. On mixe, c'est-à-dire on réunit, ensuite les divers instruments selon la combinaison désirée sur une seule bande musicale. Autrefois, il fallait que l'orchestre entier jouât à l'unisson en regardant l'écran, comme pour un concert.

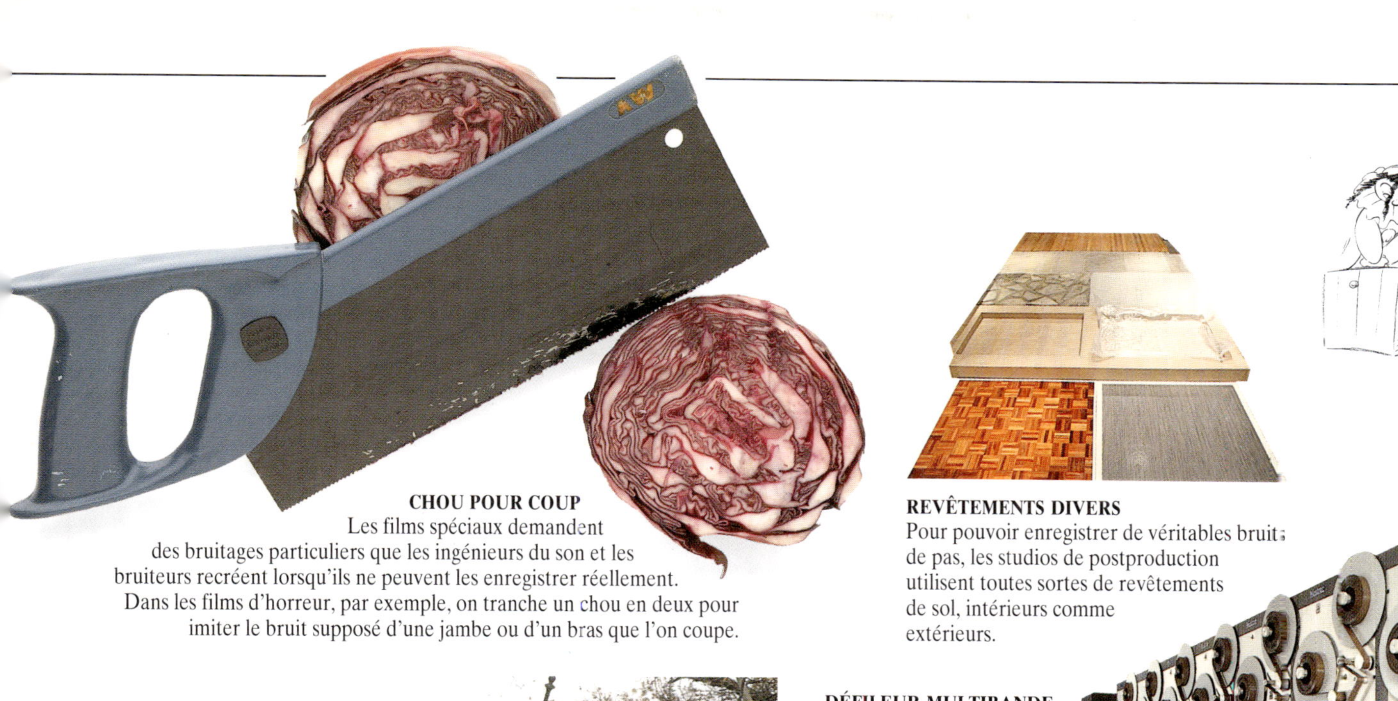

CHOU POUR COUP
Les films spéciaux demandent des bruitages particuliers que les ingénieurs du son et les bruiteurs recréent lorsqu'ils ne peuvent les enregistrer réellement. Dans les films d'horreur, par exemple, on tranche un chou en deux pour imiter le bruit supposé d'une jambe ou d'un bras que l'on coupe.

REVÊTEMENTS DIVERS
Pour pouvoir enregistrer de véritables bruits de pas, les studios de postproduction utilisent toutes sortes de revêtements de sol, intérieurs comme extérieurs.

DOUBLAGE ET POSTSYNCHRONISATION
Pour un film distribué dans plusieurs pays, on double les dialogues, c'est-à-dire on leur substitue une traduction dans la langue locale. Les acteurs de doublage sont généralement différents de ceux qui interprètent un rôle. Ils regardent la scène projetée en boucle et lisent le dialogue inscrit sur une bande pilote en respectant le mouvement des lèvres de l'acteur. Grâce à une technique similaire, la postsynchronisation, les acteurs réenregistrent leurs propres dialogues lorsque la bande-son réalisée lors du tournage est de mauvaise qualité.

DEPARDIEU DOUBLE HENRY V
Pour la sortie de *Henry V* (1990) en France, c'est Gérard Depardieu qui doubla la voix de l'acteur principal anglais Kenneth Branagh.

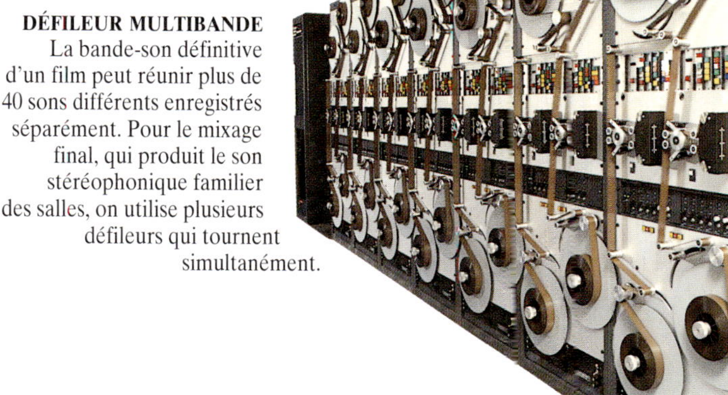

DÉFILEUR MULTIBANDE
La bande-son définitive d'un film peut réunir plus de 40 sons différents enregistrés séparément. Pour le mixage final, qui produit le son stéréophonique familier des salles, on utilise plusieurs défileurs qui tournent simultanément.

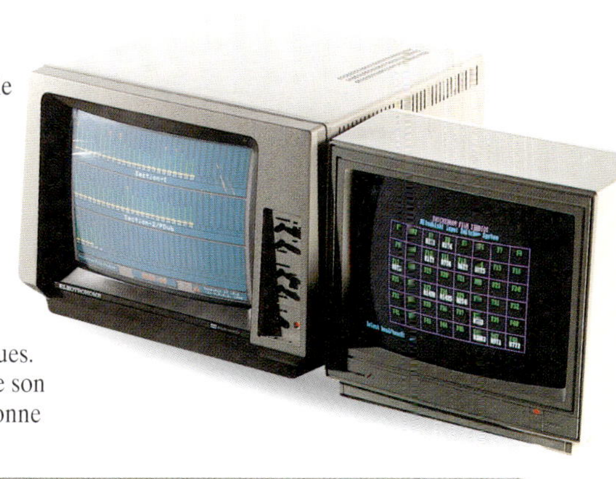

Moniteur de contrôle de la console

CONSOLE DE MIXAGE
Assis devant une immense console, le mixeur crée la bande-son définitive du film. Chacun des potentiomètres et des curseurs contrôle une piste – source de son –, comme par exemple la bande de dialogues. A l'aide des commandes, le mixeur règle le niveau de chaque piste sur la bande-son. Il peut aussi modifier le son par d'autres procédés, dont le filtrage électronique. La console contrôle également un projecteur qui fonctionne en synchronisation avec les pistes sonores, pour donner au mixeur une idée du résultat final.

SANS MONTAGE, QUE SERAIT L'ART CINÉMATOGRAPHIQUE ?

Un film n'est réellement terminé que lorsqu'il est définitivement monté. Une fois tous les plans tournés, une somme énorme de travail reste encore à accomplir avant la projection. Après chaque journée de tournage, les bobines de film sont remises à un laboratoire, qui produit un premier tirage des prises de vues. Le réalisateur visionne aussitôt ces « rushes » et sélectionne les meilleurs d'entre eux. De son côté, la bande-son est soigneusement étiquetée et rangée. Pendant ce temps, le monteur prépare une copie de travail. Il rassemble dans l'ordre logique les plans tournées dans le désordre. Puis il les découpe, les raccourcit pour donner un rythme au film. Il ajoute ensuite le son, les effets spéciaux et les titres, afin de produire un film parfait qui sera projeté sur les écrans.

Négatif

Positif

« AU LABO »
La pellicule impressionnée lors du tournage est un négatif semblable à ceux utilisés en photographie. Au laboratoire, le négatif est traité dans une développeuse. D'autres machines développent les positifs que le réalisateur visionnera et que le monteur assemblera. A la fin du montage, le laboratoire réalise une copie d'exploitation destinée aux salles de cinéma.

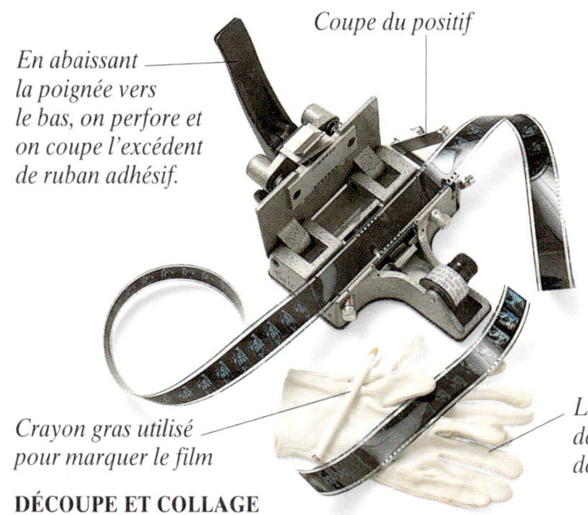

Coupe du positif

En abaissant la poignée vers le bas, on perfore et on coupe l'excédent de ruban adhésif.

Crayon gras utilisé pour marquer le film

Le port de gants de coton évite de rayer le film.

DÉCOUPE ET COLLAGE
Pour réunir les morceaux de film, le monteur utilise une colleuse, munie d'une petite lame coupante et de dents servant à le positionner afin d'effectuer une coupe précise entre les images.

Ce petit écran restitue les images du film avec netteté.

La lampe de la tête de lecture projette les images sur l'écran.

Bobine de film

Les dialogues de la séquence se trouvent sur cette bande-son.

Boutons de réglage du volume sonore et de la tonalité

En tournant ce bouton, on peut faire avancer ou reculer le film à différentes vitesses.

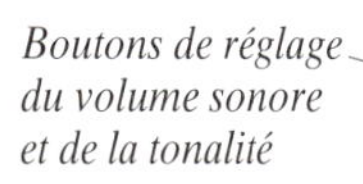

Des lignes, tracées entre quatre perforations, repèrent le clap correspondant à l'image.

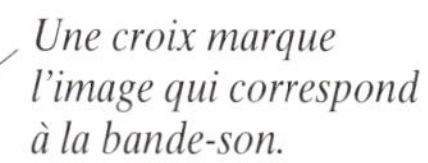

Une croix marque l'image qui correspond à la bande-son.

LA SYNCHRONISATION
Pour que les paroles des acteurs correspondent exactement au mouvement de leurs lèvres, il faut synchroniser la bande-son et les images. Grâce à une synchroniseuse, l'assistant réalisateur indique au crayon gras sur la bande son et sur le film le clap de début de séquence.

TABLE DE MONTAGE
Le monteur visionne les morceaux de film sur une table de montage (ci-dessus). Le film et les bandes-son sont enroulés sur des bobines disposées horizontalement de part et d'autre de la table. Le monteur place les marques de synchronisation face aux têtes de lecture des images et du son, au centre de la table, afin de lancer le son et l'image exactement au même moment. Puis, grâce à un bouton situé à l'avant, il fait avancer et reculer le film pour voir les images sur l'écran et entendre le son dans le haut-parleur.

DANS LE RYTHME
Le monteur et le réalisateur travaillent en étroite collaboration pour fixer l'ordre des plans et leur durée à l'écran. Les films du Japonais Akiro Kurosawa (né en 1910) comprennent de nombreux plans de longue durée, qui leur confèrent un rythme lent et mesuré. *Ran* (ci-dessus), produit en 1985, illustre parfaitement ce type de montage.

CLAQUETTE
Pour permettre la synchronisation du son et de l'image, l'opérateur filme une claquette au début de chaque plan. Le bref claquement de la barre rayée (clap), enregistré sur la bande-son, est détectable lorsqu'elle défile lentement. Le début de ce bruit doit correspondre à l'image qui montre la barre rayée parfaitement fermée.

«SOVIET SUPRÊME»
Le réalisateur russe Sergei Eisenstein (1898-1948) fut l'un des pionniers de la technique de montage par contraste, qui consiste à superposer de courts fragments de deux séquences différentes afin qu'elles semblent se dérouler simultanément.

Haut-parleur pour écouter la bande-son

CHUTIER
Un film comporte un très grand nombre de séquences et de plans que le monteur doit pouvoir retrouver et identifier facilement. Les pellicules sont donc rangées dans des boîtes de métal circulaires; des étiquettes, collées dessus et sur les amorces (morceau de film vierge collé sur chaque séquence) permettent l'identification des plans et des bandes-son. Les plans, et à leur côté la bande-son correspondante, enregistrée également sur une bande magnétique perforée, sont suspendus à des crochets sur un râtelier et leur extrémité tombe dans un sac de coton pour éviter rayures et salissures.

Le film est stocké dans des boîtes métalliques.

Une étiquette placée sur la tranche permet d'identifier le contenu de chaque boîte.

Interrupteurs de commande des moteurs des bobines

Bobine sur laquelle sont enregistrés la musique ou les bruitages

On enroule le film sur des carters, ou noyaux; les carters en deux parties permettent de retirer le film sans le dérouler.

L'ANIMATION, OU COMMENT DONNER LA VIE IMAGE PAR IMAGE

L'animateur a commencé par dessiner des traits d'écureuil sur la première esquisse de la tête.

NAISSANCE D'UN ÉCUREUIL
Les personnages de dessin animé ne sont au départ qu'une simple esquisse au crayon, un croquis sans couleur aux mouvements limités. Par étapes successives, l'animateur rajoute des détails, pour créer un personnage ressemblant, qui, ici, se déplace comme un véritable écureuil.

Dès 1889, les dessins s'animent grâce au théâtre optique d'Émile Reynaud (p. 9), et vers 1907, l'Américain Stuart Blackton et le Français Émile Cohl (1857-1938) jettent les bases de ce nouveau moyen d'expression artistique. Quelque 20 ans plus tard, Walt Disney lança le personnage de Mickey et ouvrit ainsi l'âge d'or du dessin animé. Pour réaliser un film d'animation, au moins 12 images par seconde d'action sont nécessaires afin de reproduire correctement le mouvement, et un long métrage contient près de 100 000 images. Dans un dessin animé, chaque plan est représenté par un dessin et minuté précisément, et les éléments statiques, comme les décors, sont dessinés une seule fois. Les dessins sont réalisés sur un film d'acétate de cellulose transparent, ou « cellulo », qui permet de suivre le travail par transparence. Aujourd'hui, l'animation par ordinateur est de plus en plus utilisée.

WALT DISNEY
En 1937, le producteur américain Walt Disney (1901-1966) réalisa *Blanche-Neige et les sept nains*, le tout premier long métrage d'animation sonore et en couleurs. Les dessins animés étaient auparavant de courts films diffusés avant les longs métrages. Grâce à Disney, de nombreux films d'animation furent ensuite projetés comme spectacle principal.

Disque rotatif orientable facilitant l'exécution du dessin

L'animateur voit l'ampleur du déplacement de l'écureuil entre chaque cellulo.

La table à dessin lumineuse permet de suivre le travail par transparence.

Règle à ergots

Chaque cellulo comporte un dessin de l'écureuil ou d'une partie de son corps.

L'ours Yogi

HANNA BARBERA
De la rencontre en 1938 de William Hanna et de Joseph Barbera naquirent les célèbres dessins animés *Tom et Jerry*. Les deux créateurs inventèrent ensuite d'autres héros, comme l'ours Yogi. Si leurs personnages étaient animés beaucoup plus simplement et moins adroitement que ceux de Disney, leurs films à petit budget, mais très drôles, permirent d'élargir considérablement le public du dessin animé.

« CELLULOS » SUPERPOSÉS
Pour reproduire un mouvement régulier, l'animateur s'assure que les modifications entre chaque dessin ne dépassent pas une certaine ampleur. Une règle à ergots lui permet de repérer soigneusement les images grâce à leurs perforations. En superposant chaque cellulo à celui qui le précède, il se rend compte ainsi du déplacement du personnage.

EXTRÊMES ET INTERVALLES
L'animateur dessine les phases principales du mouvement (les extrêmes) avant les étapes intermédiaires (les intervalles). Ici, par exemple, il a d'abord représenté l'envol et l'atterrissage de l'écureuil, après avoir minuté la durée du saut. On détermine l'ampleur du déplacement des personnages entre les images en tenant compte du fait qu'il faut au moins 12 dessins pour une seconde d'action.

Puisque la fleur s'animera, il faut déjà la dessiner sur le cellulo.

LE PREMIER DESSIN ANIMÉ
Emile Reynaud (1844-1918) créa en 1889 les premiers «films» d'animation, avant même la naissance du cinéma. Il peignait lui-même ses animations, les *Pantomimes lumineuses*, sur de longues bandes perforées transparentes qu'il projetait ensuite grâce à son théâtre optique.

Le fond, dessiné sur papier, se trouve sous les couches de cellulo.

Les cellulos, en plastique tendre, se rayent facilement.

Le conducteur indique à l'opérateur dans quel ordre il doit photographier les cellulos.

GOUACHAGE
Pour les longs métrages d'animation, l'animateur et ses assistants réalisent uniquement les croquis au crayon. Leur finition est le travail des traceurs qui se chargent de l'exécution des contours au recto des cellulos, puis des gouacheurs qui mettent la couleur au verso. Ce gouachage n'est pas toujours facile, car le plastique présente une légère coloration gris-vert, et, lorsque les cellulos sont empilés les uns sur les autres, la couleur varie selon la position de l'image dans la pile. Les gouacheurs doivent donc utiliser une palette de couleurs légèrement différente pour chaque couche.

Les couleurs sont mélangées pour obtenir toutes les nuances possibles.

Le tournage d'un long métrage nécessite de nombreuses couleurs.

SYLVESTRE
Pour plaire, les personnages de dessin animé doivent posséder une forte personnalité. Leur aspect, leur voix et leur comportement ne changent donc pas d'un film à l'autre. Le chat Sylvestre s'exprima toujours avec la voix de l'Américain Mel Blanc (1908-1989).

Le port de gants de coton évite toutes marques et traces indésirables.

Le traceur utilise de l'encre de Chine et un stylo spécial, qui trace des lignes d'épaisseur constante.

Les mitaines facilitent l'exécution du dessin.

GOUACHAGE
Après avoir tracé les contours au recto du cellulo, on applique les couleurs au verso.

AUCUNE OMBRE
On remplit chacune des zones délimitées par un trait noir avec une seule couleur, car il serait difficile de reproduire des ombres d'un cellulo à l'autre.

ENTENDEZ-VOUS L'ÉCUREUIL?
Sans aucun son, les aventures de l'écureuil seraient bien tristes; c'est pourquoi on prépare une bande-son bien avant ce stade de l'animation.

L'ANIMATION A D'AUTRES RESSOURCES

L'animation sur cellulos produit à l'écran un résultat superbe, mais elle est complexe, coûteuse et nécessite une main-d'œuvre importante. D'autres techniques permettent de donner vie à des personnages, dont les plus créatives sont issues de studios désireux de s'impliquer davantage dans le son et l'image que perçoit le public. Dans l'animation directe, l'artiste crée directement l'image devant la caméra à l'aide de pâte à modeler, d'épingles ou d'autres supports, et il modifie son œuvre entre chaque image, en transformant, en déplaçant ou en supprimant certains éléments.

Jiri Trnka

FIGURINES
Les animateurs peuvent donnent vie à de petites figurines en les filmant image par image, modifiant leur position entre chaque plan. Le Tchèque Jiri Trnka (1912-1969) réalisa de nombreux films de marionnettes animées, s'inspirant de la tradition nationale. Pour animer ces personnages, il faut prévoir un modèle différent pour chaque position ou les articuler.

Norman McLaren

ÉCRAN D'ÉPINGLES
L'animateur Pierre Drouin crée ses images grâce à une planche recouverte de milliers d'épingles. Il obtient des zones claires et des zones foncées en enfonçant plus ou moins les épingles.

SANS CAMÉRA
Les animateurs n'enregistrent pas toujours leur travail avec une caméra. Le réalisateur canadien Norman McLaren (1914-1987) fut le pionnier du dessin direct sur pellicule. Il réalisa la plupart de ses films avec l'Office national du film canadien, dessinant sur des rubans transparents d'amorce de 35 mm ou gravant des rayures claires, qu'il colorait parfois, sur du film noir. Il créait aussi le son, en dessinant une bande-son optique directement sur la pellicule.

ANIMATION PAR ORDINATEUR
Les ordinateurs ouvrent aux animateurs de nouveaux horizons. Ils les déchargent des nombreuses tâches essentielles mais fastidieuses, comme la représentation des intervalles ou la mise en couleurs des images, et confèrent aux dessins animés une vraisemblance que n'auraient jamais atteint les dessins manuels. Cependant, l'animation par ordinateur requiert des équipements très coûteux et la maîtrise de la programmation informatique. Les plus célèbres films réalisés par ordinateur, comme *Tin Toy*, produit en 1988 par John Lasseter et William Reeves, sont assez courts. Ce film raconte l'histoire du bébé Billy (ci-dessus) et d'un jouet musical.

LE PRODUIT FINI
Pour créer l'image définitive, l'animateur place les cellulos de l'écureuil devant un fond dessiné. Pour rendre l'illusion du mouvement plus convaincante, le fond est beaucoup plus large que le cellulo : lorsqu'il saute, comme aux pages précédentes, l'écureuil ne change pas de place sur le cellulo, et l'animateur fait glisser le fond, simulant ainsi le déplacement.

Dessin animé de Hibbert/Ralph

LE BANC-TITRE
Pour animer des cellulos peints, l'animateur utilise une caméra qui se déplace de haut en bas sur une colonne verticale. Les cellulos et le fond sont disposés sur un plateau horizontal qui se déplace selon tous les axes grâce à des petits moteurs pas-à-pas.

Trois personnages de *Creature Comfort* : le singe, le lion et l'hippopotame

PÂTE À MODELER
Les animateurs utilisent depuis longtemps la pâte à modeler pour l'animation directe. Ils travaillent devant la caméra, déplaçant les membres du personnage ou remodelant son visage entre les images pour simuler mouvements et expressions. Le réalisateur anglais Nick Park a remporté l'Oscar de la meilleure animation (pp. 62-63) en 1991 pour son court métrage *Creature Comforts*. La bande-son du film est constituée d'interviews d'habitants de grandes villes grâce auxquelles des animaux de zoo en pâte à modeler décrivent la tristesse de leur vie derrière les barreaux de leurs cages.

LE RIRE EST LE PROPRE DU SPECTATEUR

Faire rire des millions de spectateurs dans le monde entier demande une adresse, un rythme et un sens de l'humour que seuls possèdent les génies du comique. Les premiers comiques du muet, venus du théâtre ou du cirque, Max Linder en France, Charlie Chaplin, Harold Lloyd, Buster Keaton aux États-Unis, amusaient avec leurs comédies précipitées et désordonnées, à base de gags visuels. Avec l'arrivée du parlant, le comique de mots remplaça celui de gestes, et les répliques et reparties de Laurel et Hardy ou des Marx Brothers faisaient la joie de tous. Aujourd'hui, l'humour au cinéma présente de nombreuses formes : le plus souvent, il s'agit, comme dans les premières comédies muettes, d'un simple et innocent divertissement, mais d'autres genres, comme la satire sociale, ont des visées plus sérieuses : ces bouffonneries dont nous rions mettent l'accent sur nos erreurs et critiquent les défauts de notre société.

LE ROI DU RIRE
Charlie Chaplin (1889-1977) est le comédien le plus populaire du muet. Il joua dans quelque 70 films de courte durée et 11 longs métrages.

HUMOUR ANGLAIS
Certains films comiques ne connaissent de véritable succès que dans leur pays d'origine. Ainsi, les farces des séries *Carry on* des années 1960 n'ont eu d'audience qu'en Grande-Bretagne. Ceci peut être dû aux difficultés de traduction de l'humour ou simplement de leur esprit typiquement britannique.

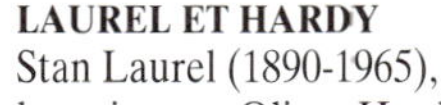

LAUREL ET HARDY
Stan Laurel (1890-1965), le maigre, et Oliver Hardy (1892-1957), le gros, furent l'un des rares couples du muet dont le succès se poursuivit à l'arrivée du parlant.

DEUX POUR RIRE
Bud Abbott (1895-1974) et Lou Costello (1906-1959) se rencontrèrent en 1931 et formèrent pendant un quart de siècle un brillant duo comique. Costello, petit et gros, jouait le rôle de l'amuseur, racontant des blagues dont le grand et mince Abbott, le «sérieux», faisait généralement les frais. Ce type d'humour a encore cours aujourd'hui. S'ils ne l'inventèrent pas, Abbott et Costello furent les premiers à savoir exploiter cette technique à l'écran.

Le pantalon est beaucoup trop grand. En effet, Chaplin l'avait emprunté au comédien Roscoe « Fatty » Arbuckle, bien plus gros que lui.

Dans l'Emigrant *(1917), les chaussures de Chaplin étaient clouées au pont du navire pour qu'il puisse se pencher lorsque celui-ci tanguait.*

Charlot portait des chaussures de taille 46, empruntées à un autre comique beaucoup plus grand que Chaplin, Ford Sterling.

Le chapeau melon appartenait au beau-père d'Arbuckle.

TRÈS «PYTHONESQUE»
L'immense succès *Un poisson nommé Wanda* (1988) fut inspiré par une série télévisée britannique comique des années 1960 et 1970 : *Monthy Python's Flying Circus*. Ils avaient en commun un humour original, anarchique et loufoque.

UN COMIQUE DE CABARET
Dans ses films, dont *Un prince à New York* (1987), l'acteur américain Eddy Murphy nous amuse avec les situations comiques étonnantes dans lesquelles il est entraîné. Les gags très courts qui l'ont rendu célèbre remontent à ses débuts de comique de cabaret, à l'époque où il improvisait des histoires drôles devant les spectateurs.

LE PETIT VAGABOND
Le rôle le plus célèbre de Charlie Chaplin fut celui du vagabond qu'il créa en 1913 pour son deuxième film *Charlot est content de lui*. Ce personnage connaît la pauvreté et toutes sortes de mésaventures sans perdre pour autant son sens de l'humour. Charlot se moquait d'un monde souvent cruel et aidait les spectateurs à rire de leurs propres malheurs. Le célèbre comique créa sa défroque à partir de pièces trouvées autour de lui. Il emprunta le manteau et le pantalon de deux autres comédiens qui attendaient leur tour de scène et découpa sa moustache dans un morceau de crêpe.

C'est l'acteur Chester Conklin qui prêta à Chaplin un manteau pour son costume de vagabond.

HUMOUR NOIR
L'humour noir du réalisateur espagnol Pedro Almodovar dans *Femmes au bord de la crise de nerfs* (1987) tourne en dérision des sujets sérieux.

TARTE À LA CRÈME
Les comiques de théâtre du XIXe siècle amusaient leurs spectateurs en se donnant mutuellement des coups de bâton. Dans les premières comédies muettes, beaucoup de gags faisaient appel à ce type d'humour. Celui où un acteur reçoit une tarte à la crème dans la figure a toujours amusé les foules. On utilise aujourd'hui des assiettes en carton et de la crème artificielle. Ces deux adolescents qui singent des adultes dans le film anglais *Bugsy Malone* (1976) d'Alan Parker se sont beaucoup amusés en lançant leurs tartes à la crème.

Seule la canne appartenait à Chaplin.

L'ÉVASION PASSE PAR L'ÉCRAN

Le cinéma fut pour de nombreux spectateurs un moyen d'échapper provisoirement aux soucis et rigueurs de la vie. Les palaces ou les salles de quartier proposaient à tous un monde d'amour, de romantisme, de gaieté, d'aventures ou de suspense. Les films d'amour présentaient les couples les plus inattendus, mais le héros finissait toujours par séduire l'héroïne. Après des rebondissements et des péripéties, tout se terminait heureusement par d'émouvantes retrouvailles. Les amateurs des comédies musicales, gaies, enlevées, pleines de chants et de danses, repartaient en sifflotant les airs principaux, car, même dans l'adversité, la vedette surmontait ses problèmes par un éclat de rire, une chanson entraînante et un pas de claquettes. Les amateurs de suspense frissonnaient d'inquiétude et d'angoisse en regardant un film noir ou policier. Quel que fût le genre, le public trouvait son compte… et le trouve encore.

QUEL PANACHE !
L'adaptation au cinéma en 1990 du classique *Cyrano de Bergerac*, avec Gérard Depardieu, a connu un grand succès. Le thème de Cyrano, homme laid au grand nez mais au cœur de poète, ne semblait pourtant pas correspondre à l'esprit de l'époque, même si l'amour non partagé et la mort du héros ont toujours fait le succès des œuvres romantiques.

ROMANCE DE GARE
Toutes les histoires d'amour ne mettent pas en scène de grandes vedettes dans des lieux exceptionnels. Le classique de 1946 *Brève Rencontre*, de David Lean, avec Trevor Howard et Celia Johnson, se déroule dans un cadre familier (une gare), ce qui amène le public à s'identifier fortement aux personnages.

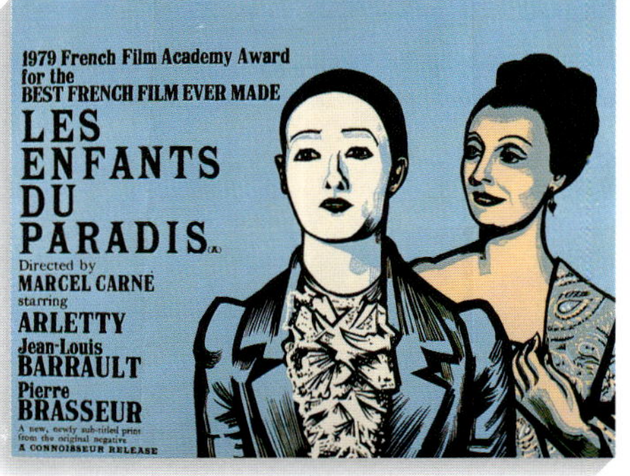

LES VISAGES DE L'AMOUR
En 1979, l'Académie française du cinéma consacra *les Enfants du paradis*, de Marcel Carné, meilleur film français de tous les temps. Situé dans le monde du théâtre parisien des années 1840, et réalisé en 1944 à Paris, lors de l'occupation allemande, il explore l'amour que quatre hommes portent, chacun à sa manière, à la même femme. Ce film est demeuré aussi émouvant qu'au premier jour.

SUSPENSE TOUS AZIMUTS
Grâce à la subtilité du jeu des acteurs de *Casablanca* (1942), le public est tenu en haleine jusqu'à la dernière scène. Le réalisateur, Michael Curtiz, laissa également les acteurs dans l'ignorance du dénouement. Ce film est une œuvre accomplie.

MÉLODRAME
De nombreuses histoires d'amour se terminaient tragiquement. Dans *le Roman de Marguerite Gautier* (1936), l'héroïne, jouée par Greta Garbo, ne connaît le bonheur qu'au moment où elle meurt dans les bras de son amant.

GRAND FROID
Situé en Russie, au début du siècle, *le Docteur Jivago* (1965) mêle histoire d'amour et épopée. Omar Sharif joue le rôle d'un médecin moscovite et Julie Christie est la femme qu'il aime et qu'il perd.

Outre Ginger Rogers, Fred Astaire eut pour partenaires d'autres danseuses. Il évolue ici avec Cyd Charisse dans *Tous en scène* (1953).

FIÈVRE DU SOIR
Si les comédies musicales étaient très appréciées jusqu'au début des années 1950, elles remplissent encore les cinémas. En 1978, John Travolta interprétait un champion du disco new-yorkais dans *la Fièvre du samedi soir*.

FRED ET GINGER
Fred Astaire (1899-1987) et Ginger Rogers (née en 1911) formèrent incontestablement le plus grand couple de danseurs de comédie musicale. Ils jouèrent ensemble pour la première fois dans *Carioca* en 1933, et remportèrent un tel succès qu'ils tournèrent ensemble 9 autres films au cours des 17 années suivantes. Le talent d'Astaire ne fut pourtant pas reconnu immédiatement : lors de ses premières auditions, un découvreur de talents écrivit : «Ne sait pas jouer ni chanter, légèrement chauve, danse un peu.»

DE LA SCÈNE À L'ÉCRAN
De nombreuses comédies musicales étaient d'abord jouées sur scène. Peu d'entre elles connurent le succès de *la Mélodie du bonheur*, avec Julie Andrews qui triompha à l'écran en 1965.

« 14 JUILLET »
Tout comme les spectacles qu'elles annoncent, les affiches de comédies musicales sont colorées, vivantes et divertissantes. Celle-ci assurait la promotion d'une comédie réalisée en 1933 par René Clair (1898-1981).

DANSEUSE ÉTOILE
Les troupes de danseurs, les sociétés cinématographiques, les cirques et artistes de toute sorte inspirèrent de nombreuses comédies musicales, pour lesquelles ils constituaient un sujet idéal. La plupart des séquences les plus charmantes de la comédie de 1948 *les Chaussons rouges* se déroulent dans les coulisses d'un spectacle de ballet.

Moira Shearer et Leonide Massine

KALÉIDOSCOPE
Dans ses comédies musicales des années 1930, le réalisateur américain Busby Berkeley faisait évoluer des dizaines de danseurs, pour former devant la caméra des figures tourbillonnantes.

DES PERSONNAGES QUI SORTENT DU COMMUN

Dans un western ou dans un film d'aventures, les moindres événements semblent extraordinaires. Seller un cheval et partir au galop rassembler un troupeau apparaît en effet passionnant. Partager, même un court moment, la vie d'un aventurier audacieux et plein de ressources donne un sentiment de satisfaction. Et, confortablement installé dans son fauteuil, le spectateur ressent en une minute d'aventures plus d'émotions qu'il n'en connaîtra en une année. Cependant, les films d'action ne sont pas uniquement destinés à divertir et à procurer des sensations fortes. Nombre d'entre eux tentent de dénoncer les aspects contestables de notre société, injustice, corruption, racisme, et rappellent les drames de la condition humaine.

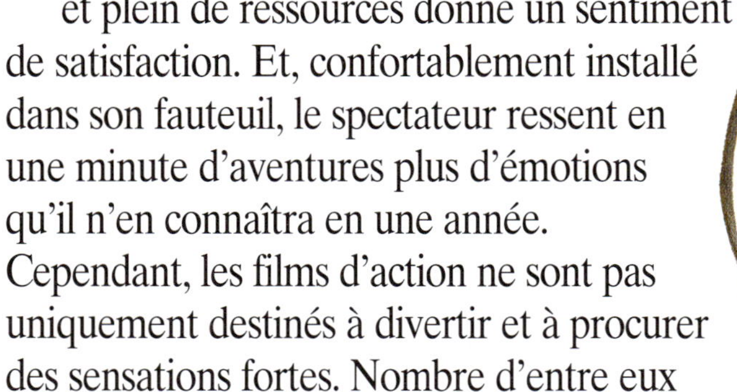

« BIG JOHN »
John Wayne (1907-1979) ignorait combien de westerns il avait tournés. Sa carrière dura plus de cinquante ans, durant lesquels il joua surtout des rôles de cow-boys bourrus au service de la justice.

GUERRIERS ASIATIQUES
Le cinéaste japonais Akira Kurosawa (né en 1910) produisit en 1954 un palpitant film d'aventures, *les Sept Samouraïs*. L'Américain John Sturges s'en inspira pour réaliser en 1960 le célèbre western *les Sept Mercenaires*.

JOHN FORD
Ce réalisateur américain, (1895-1973), tourna de nombreux westerns, dont 14 avec John Wayne, qu'il rendit célèbre.

LE FAR WEST
C'est en partie parce qu'ils disposaient de décors naturels que les studios hollywoodiens affectionnaient le western. Nombre de films furent tournés à Monument Valley, dans l'Utah.

Gourde indispensable pour survivre dans le désert

Cartouchière

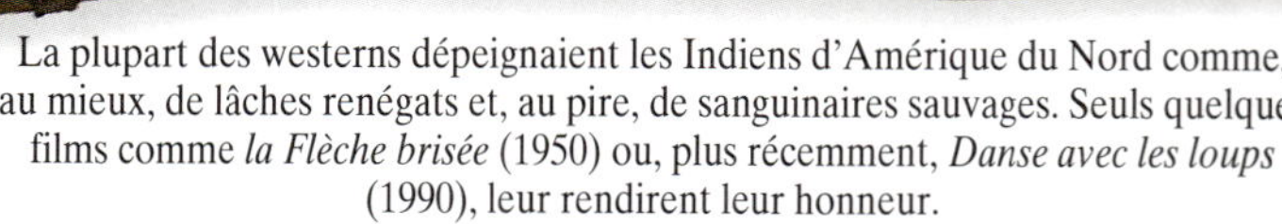

La plupart des westerns dépeignaient les Indiens d'Amérique du Nord comme, au mieux, de lâches renégats et, au pire, de sanguinaires sauvages. Seuls quelques films comme *la Flèche brisée* (1950) ou, plus récemment, *Danse avec les loups* (1990), leur rendirent leur honneur.

Les carabines à répétition avaient une portée de 300 m.

AVENTURES DANS LE DÉSERT
La vie dans le Far West était pour Hollywood un sujet idéal de films d'aventures, alors que l'industrie cinématographique des autres pays ne disposait pas de tels thèmes. Pour *Lawrence d'Arabie* (1962), le réalisateur anglais David Lean construisit un décor épique dans les déserts du Moyen-Orient et raconta l'histoire de T. E. Lawrence, fascinant personnage qui souleva les habitants du désert contre leurs ennemis turcs.

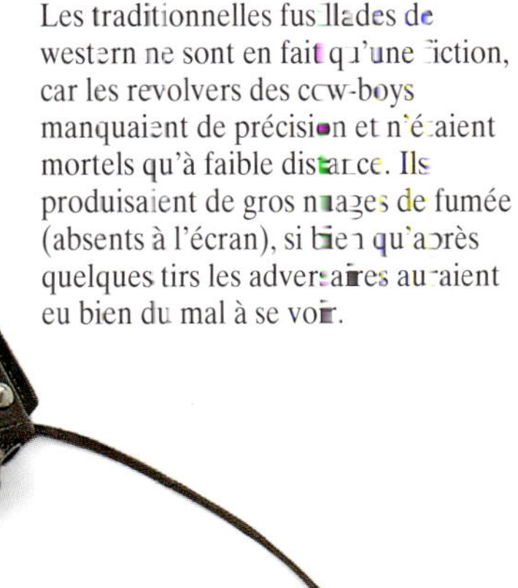

FUSILLADES
Les traditionnelles fusillades de western ne sont en fait qu'une fiction, car les revolvers des cow-boys manquaient de précision et n'étaient mortels qu'à faible distance. Ils produisaient de gros nuages de fumée (absents à l'écran), si bien qu'après quelques tirs les adversaires auraient eu bien du mal à se voir.

Les Aventuriers de l'Arche perdue (1981)

HÉROS MODERNE
L'acteur américain Harrison Ford a incarné l'intrépide Indiana Jones dans trois films. Bien que les aventures de ce héros ne se déroulent jamais dans le Far West, le personnage de Ford a de nombreux points communs avec les cow-boys : il poursuit un noble dessein et défie sans peur les méchants.

UN CHASSEUR DE CROCODILES
Le facétieux acteur australien Paul Hogan a séduit les cinéphiles du monde entier dans le rôle du chasseur de crocodiles de *Crocodile Dundee* (1986). Ses aventures dans le nord de l'Australie et à New York firent de ce film le plus grand succès jamais réalisé en dehors des Etats-Unis.

BONNIE ET CLYDE
Certains aventuriers ne sont pas toujours honnêtes. *Bonnie and Clyde* (1967), d'Arthur Penn, raconte l'histoire d'un couple qui dévalise les banques. Les deux héros enfreignent la loi et commettent des meurtres, mais gagnent la sympathie du public car ils combattent la société.

Les arcs et les flèches des Indiens étaient des armes peu précises et de faible portée.

UN SALE TYPE
James Cagney (1899-1986) joue un gangster psychopathe dans *l'enfer est à lui* (1949), de Raoul Walsh. Cet acteur symbolisait le bagarreur.

« BATMAN »
Les films fantastiques, tel *Batman*, ont donné aux chauves-souris une réputation d'animaux effrayants qu'elles ne méritent pas.

LE CINÉMA VOYAGE DANS L'INCONNU

Du domaine de l'imaginaire, les créatures inconnues sont terrifiantes ; c'est pourquoi les films fantastiques et d'horreur impressionnent et fascinent tant. Les premiers films d'horreur apparurent en Allemagne : « le Cabinet du docteur Caligari » y fut réalisé en 1919, et marqua l'apparition de l'expressionnisme. Hollywood prit la suite dans les années 1930, produisant « Dracula », un monstre qui épouvante aujourd'hui encore les spectateurs. Dès les années 1950, les grands progrès de la science effrayèrent plus que les vampires, et scénaristes et réalisateurs exploitèrent cette peur de la technologie pour créer un nouveau genre : la science-fiction. Les films d'horreur, d'angoisse et de science-fiction prennent aujourd'hui toutes sortes de formes, mais, bien plus qu'un King Kong, un tueur fou ou un androïde, ce sont les périls inconnus, tapis dans l'ombre, qui font frémir le public.

Christopher Lee, un des plus célèbres comte Dracula, dans *Dracula, prince des ténèbres* (1965) de l'Anglais Terence Fisher

LE PRINCE DES TÉNÈBRES
Dans les films de vampires, un défunt revit la nuit et vient sucer le sang des vivants. Le premier d'entre eux, *Dracula*, de Tod Browning, date de 1931. Inspiré d'un livre publié 34 ans plus tôt, il décrivait les exploits du comte Dracula.

Pour plus de réalisme, la peau peinte laisse apparaître des veines et des écailles.

Les membres articulés sont recouverts de latex.

Grands pieds articulés pour une bonne assise

Habit de soirée de Dracula

CRÉATURES DE L'ESPACE
Les monstres venus de l'espace ont inspiré des centaines de films. L'un des premiers, et des meilleurs, fut *le Météore de la nuit* (1953) de Jack Arnold. Prévu initialement en relief, ce film raconte l'histoire, aujourd'hui familière, d'extraterrestres qui atterrissent et adoptent l'apparence humaine.

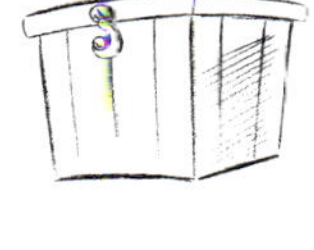

COUPS DE POIGNARD
Psychose, réalisé en 1960 par Alfred Hitchcock, raconte une histoire de meurtre effrayante, qui culmine avec une violente scène d'agression au poignard. C'est un vrai film d'angoisse et aucun spectateur, s'il est sincère, ne peut se vanter de n'avoir pas frissonné.

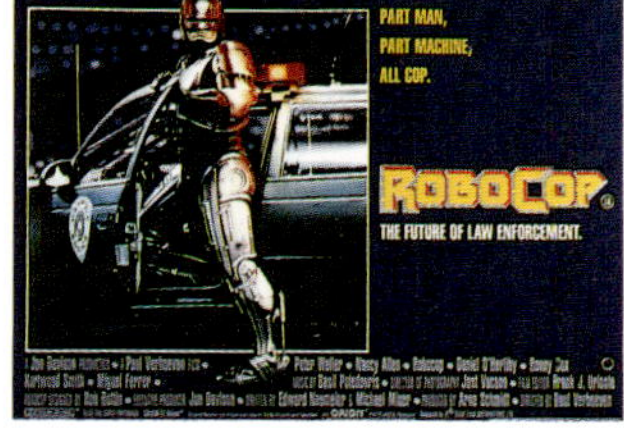

FÉROCE GREMLIN
Certains films d'horreur, parmi les plus réussis et les plus effrayants, font surgir la terreur dans des scènes de notre vie quotidienne. *Gremlins* (1984), de l'Américain Joe Dante, débute par une soirée de Noël dans une ville américaine. Un inventeur offre à son fils un mogwai, étrange mais adorable petite créature poilue. Cependant, si l'on ne respecte pas certaines instructions, les mogwais se muent en gremlins démoniaques, qui se reproduisent rapidement et terrorisent la ville.

ROBOCOP
Robocop (1987), réalisé par l'Américain Paul Verhoeven, mélange de film policier et de science-fiction, exploite deux sujets d'angoisse : la technologie et la criminalité dans les villes. Tué, un jeune policier américain de Detroit est transformé en robot justicier.

Gouttes de faux sang

CHASSE CRUELLE
Dans *les Griffes de la nuit* (1985), les cauchemars des enfants deviennent réalité; ils sont pourchassés par Freddy, un monstre cruel aux griffes d'acier.

FEMME DE MÉTAL
Dans le magasin d'accessoires d'un studio, on risque de se trouver face à face avec un androïde de métal. Le réalisateur allemand Fritz Lang inaugura le genre avec le robot Maria de son chef-d'œuvre *Métropolis* (1926).

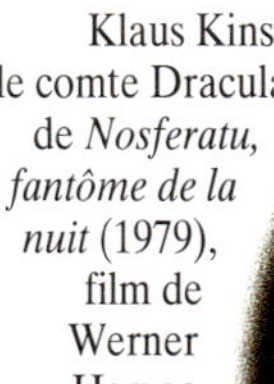

Klaus Kinski, le comte Dracula de *Nosferatu, fantôme de la nuit* (1979), film de Werner Herzog

VAMPIRES
Le thème de Dracula est l'un des plus populaires de l'histoire du cinéma. Seul le détective Sherlock Holmes est apparu plus souvent à l'écran que Dracula et sa famille de buveurs de sang. Le comte a sévi dans plus de 150 films d'horreur, dont l'amusante parodie *le Vampire de ces dames* (1979), de l'Américain Stan Dragoti.

«LA GUERRE DES ÉTOILES»
Grâce à ses effets spéciaux élaborés et à une intrigue pleine de rebondissements, ce film, produit en 1977, devint le plus grand succès de science-fiction de l'histoire du cinéma. Son réalisateur, l'Américain George Lucas, le destinait à un public de moins de 14 ans, mais les aventures de Luke Skywalker et de ses amis passionnèrent les adultes autant que les enfants.

PIÈCES DÉTACHÉES
Dans *Frankenstein* (1931), un savant façonne un monstre à partir de morceaux de cadavres et lui donne vie grâce à la foudre. L'action commence lorsque la créature s'échappe. Si plus de 100 films ont exploité ce thème depuis, aucun n'a surpassé celui de James Whale, où Boris Karloff interprétait le monstre.

CÉRÉMONIE FASTUEUSE
La première cérémonie de remise des Oscars fut organisée en 1929, en l'honneur d'invités de l'industrie cinématographique. Celle de 1930 a été retransmise à la radio (ci-dessus, George Arliss et Norma Shearer félicitent Marie Dressler). C'est aujourd'hui une superproduction télévisée.

LES ACTEURS NE DÉDAIGNENT PAS LA GLOIRE

Les films sont les sortilèges du monde moderne, qu'ils enchantent depuis l'apparition du premier kinétoscope, il y a un siècle. Mais, comme toute magie, celle du cinéma reste imprévisible et indéfinissable. Certains films connurent l'échec malgré une prestigieuse distribution et un énorme budget, et, à l'opposé, une production à petits moyens peut remporter un succès foudroyant si elle sait captiver l'imagination du public. Ainsi, la réalisation du long métrage australien de 1979 « Mad Max » ne coûta que 2 millions de francs mais en rapporta 600 à ses producteurs en deux ans à peine. La renommée nourrit d'autre part les espoirs des réalisateurs, des scénaristes et des acteurs : ils entrent en compétition pour des prix prestigieux, comme les Oscars aux États-Unis, ou ceux du festival de Cannes en France.

L'Oscar, statuette recouverte d'or, est haut de 30 cm.

TOILES À BOMBAY
L'attrait du cinéma est très fort en Inde. L'industrie cinématographique indienne, centrée à Bombay, produit quelque 800 films par an, soit deux fois plus que les Etats-Unis.

VICTOIRE À VENISE
Au revoir les enfants, de Louis Malle, remporta en 1987 le Lion d'or du festival de Venise. Ce film, également sélectionné aux Oscars, fut l'un des plus populaires de l'année.

« SOS FANTÔMES »
Une bonne campagne publicitaire peut garantir le succès d'un film avant même sa sortie. La bande-son de *SOS Fantômes* (1984) devint rapidement une chanson à succès, assurant au film un public nombreux.

ENFANT MILLIONNAIRE
Maman, j'ai raté l'avion! remporta un succès inattendu en 1990. Le jeune acteur Macaulay Culkin devint si célèbre qu'il reçut 20 millions de francs pour tourner une suite.

TROPHÉES ÉTINCELANTS
L'industrie du cinéma adore se féliciter de ses succès. Acteurs, réalisateurs et techniciens reçoivent des prix lors de manifestations organisées chaque année dans le monde entier. Ces somptueuses célébrations constituent pour les films une publicité gratuite et efficace. Les récompenses les plus célèbres sont les Oscars (Academy Awards), décernés chaque année par la United States Academy of Motion Pictures Arts and Sciences au meilleur film, au meilleur acteur, au meilleur réalisateur et à bien d'autres catégories. Les films récompensés ont plus de chances de succès et une simple sélection, ou nomination, est un honneur. D'autres festivals importants se tiennent à Cannes et à Berlin. Certains sont spécialisés, comme le festival de films d'enfants de Bhopal, en Inde.

Le film anglais *les Chariots de feu*, de Hugh Hudson, raconte l'histoire de deux athlètes britanniques appelés à connaître la gloire lors des jeux Olympiques de 1924.

CAMPAGNES PUBLICITAIRES
Les campagnes publicitaires n'assurent pas toujours le lancement d'un film. Mais pour *Batman* (1989), de l'Américain Tim Burton, l'organisation exceptionnelle de la campagne de promotion et de marketing contribua à en faire le plus grand succès de son studio.

«LES ANGLAIS ARRIVENT»
Le succès des *Chariots de feu* (1981) fut assuré lorsqu'il remporta les Oscars du meilleur film, des meilleurs costumes et de la meilleure musique. Colin Welland reçut le prix du meilleur scénario et il brandit son trophée en disant : «Les Anglais arrivent». Un an plus tard, le film *Ghandi* lui donna raison, raflant la plupart des Oscars.

L'Ours d'or est la plus haute récompense du festival du film de Berlin.

MARCHANDISAGE
Les recettes d'un film ne proviennent pas uniquement des entrées. Beaucoup de spectateurs lisent ensuite le livre qui a été adapté à l'écran ou achètent des produits dérivés : jouets, tee-shirts et affiches. La vente de ces objets constitue un marché non négligeable.

La Palme d'or est attribuée au meilleur film lors du festival du film de Cannes.

IDOLES LÉGENDAIRES
Les plus grandes vedettes de cinéma demeurent à jamais jeunes et belles au yeux du public : elles restent inchangées dans leurs films. James Dean et Marylin Monroe devinrent des légendes dès l'annonce de leur mort et le resteront encore longtemps.

INDEX

NOTES

Dorling Kindersley tient à remercier :
Leslie J. Hardcastle OBE, Janet Corbet et l'équipe du Museum of the Moving Image. David Robinson / MOMI. Rosemarie Swinfield et le Charles Fox Make-up Studio. Bermans International, Costumiers to the Intertainment Industry. Farley. Simon Crane et Sean McCabe. Joss Williams des Pinewood Studios et Martin Gutteridge, Graham Longhurst et l'équipe de Effects Associates Ltd, Pinewood. Clare MacGillivray, conseiller de Jim Henson Productions, et l'équipe de Jim Henson's Creature Shop. Gerry Humphreys et Ursula Rains de Twickenham Film Studios. L'équipe d'animateurs de Hibbert / Ralph. Céline Carez, Hannah Conduct et Helena Spiteri, Liz Sephton et Cheryl Telfer, Harriet Ashworth et Oliver Denton pour leur assistance éditoriale. Jane Parker pour l'index.

Les Éditions Gallimard remercient François Cazenave pour sa collaboration éditoriale.

ICONOGRAPHIE

h = haut, b = bas, c = centre, g = gauche, d = droit

Aardmans Animation / Channel 4 TV : 52 bd, 53 bg, 53 bd; Bayerisches National Museum 10 hg; Bridgeman Art Library : 18 hg, 24 h; British Film Institute : 14 hg, 15 hg, 18 hc, 19 c, 19 bd, 20 bg, 20 cd, 21 hg, 21 cg, 21 bg, 21 hcd, 21 bcg, 21 bcd, 23 c, 23 b, 24 hg, 27 cd, 27 cg, 28 hc, 32 bg, 33 hc, 35 hg 35 cg, 35 cd, 35 hd, 35 c, 37 h, 37 bc, 37 cd, 38 bg, 39 c, 39 cd, 42 hd, 42 bg, 43 hg, 43 c, 44 hg, 44 bg, 46 cg, 46 cd, 50 bg, 51 bd, 52 cg, 52 hd, 54 bg, 55 bc, 56 cg, 56 bg, 56 cd, 57 hg, 57 cg, 57 hc, 57 c, 57 hd, 57 bd, 58 hg, 58 hd, 59 hg, 61 cg, 61 bd, 61 hg, 62 bg, 63 hg; Cliff Bolton pour Twickenham Film Studios : 47 hd; Zoe Dominic : 37 bg; Mary Evans Picture Library : 6 hg, 7 hg, 7 cg, 8 bd, 8 cd, 10-11 cg, 11 cd; Joel Finler : 13 cd, 15 hd, 18 bg, 19 hc, 21 c, 23 c, 23 cg, 23 bd, 25 bc, 26 hd, 27 hc, 27 bd, 27 cg, 33 hg, 33 c, 33 bd, 34 hg, 38 hg, 39 hg, 39 hd, 39 b, 40 hg, 43 bd, 62 hg; Ronald Grant Archive : 21 hcg, 27 bg, 28 cd, 29 bd, 32 cg, 33 cg, 33 bg, 43 bg, 56 cg, 59 bg, 60 cg, 61 hg, 62 cg, 62 c; Henson Associates Inc. 1991 : 44 cd, 45 bg; Hulton Picture Library : 11 hg, 12 hd; I.L.N. : 25 bd; KATZ / R. Lewis /Outline : 29 hc; Richard Foreman : 40 hd / Sven Arnstein 15 cd / Sven Arnstein 42 bd; Kobal Collection : 10-11 h,10 cd, 12 bc, 16 hg, 16 bc, 17 bg, 19 cd, 19 bg, 20 hd, 21 bd, 22 bd, 23 hd, 23 bg, 27 hg, 27 c, 28 c, 30 hd, 32-33, 34 bg, 41 bd, 43 hd, 49 hg, 49 cg, 50 hd, 54 hd, 55 hc, 55 bd, 56 hg, 56 bd, 57 bg, 58 cg, 59 bd; Kobal Collection / Lucasfilm Ltd : 35 hc, 45 hg, 45 cg, 45 hc, 48 hgb, 59 c, 61 cd; M.P.L. : 12 bd; National Film Board of Canada : 52bg, 52 c; National Museum of Photography, Film and Television : 13 bg; National Portrait Gallery, Londres : 36 hd; Oxberry : 45 hd; The Post Office : 52 cb, 52 cd; Renaissance Films plc / photog. Sophie Baker : 47 c; Anne Ronan Picture Library : 7 bg, 11 hcg, 12 cg, 16 cd, 23 hc; Science Museum : 8 cg, 9hg, 10cg, 10 c, 12 bg; J.D. Sharp : 24 bc, 24 bg, 24 hg, 25 h; Frank Spooner Pictures : 47 cg; Zefa : 18 cg, 18 c, 58 c.
Illustrations :
Richard Ward / Precision